마음이 건강한 아이가 행복하다

마음이 건강한 아이가 행복하다

초판 1쇄 · 2020년 10월 15일

지은이 · 넥시아 하몬드 박사(Nekeshia Hammond Psy. D)
옮 김 · 박준영
감 수 · 박인섭
제 작 · ㈜봄봄미디어
펴낸곳 · 봄봄스토리
등 록 · 2015년 9월 17일(No. 2015-000297호)
전 화 · 070-7740-2001
이메일 · bombomstory@daum.net

ISBN 979-11-89090-38-8(03180)
값 15,000원

마음이 건강한
아이가 행복하다

심리학으로 본 훌륭한 아이
키우는 자녀 양육법

넥시아 하몬드 지음

박준영 옮김 | 박인섭 감수

봄봄
스토리

CONTENTS

머리말

　매우 실용적인 이 책 ≪마음이 건강한 아이가 행복하다≫에 오신 것을 환영한다.

　이 책을 쓸 때 부모와 자녀의 관계는 항상 내 마음의 최전선에 있었다. 마음이 건강한 아이로 키우기 위해 허용하고 경험하도록 가르치는 것, 즉 통제할 수 있는 상호작용과 통제할 수 없는 상호작용, 이 모든 것이 아이가 느끼고 행동하고 성인이 되는 방식에 영향을 미친다.

　부모는 아이의 건강한 성장을 도울 책임이 있다.

　정서적으로 건강한 아이로 기르기 위해, 부모는 무엇을 탐구하고 어떻게 하면 이를 가능하게 할 수 있을까?

　이 책은 다음과 같은 4가지의 목표를 갖고 있다.

> **첫째**, 부모의 삶을 좀 더 의미있게 하기 위해,
> **둘째**, 부모를 격려하고 이 책을 최선의 도구로 사용할 수 있도록
> 　　　효율적이고 실용적인 전략을 제공하고,
> **셋째**, 자녀 양육을 위한 추가적인 심리적 방법을 제공하며,
> **넷째**, 다양한 자료들을 소개하고 있다.

나는 이 책을 통해 모든 형태의 부모를 언급할 것이다. 나에겐 아이를 낳은 부모인지, 아이를 키우는 역할을 하는 사람인지, 또는 방과 후 매일 몇 시간을 돌보는 사람이든 상관이 없다. 이들 모두가 아이에게 보호자이고 지도자이다.

나에게 부모란 아이를 건강하게 기르는 데 도움이 되는 사람이며, 어떤 입장에서 아이를 돌보고 있는지는 중요하지 않다.

어떤 사람들은 이 책에서 내가 제시하는 견해에 동의하지 않을지도 모른다. 그러나 내 주장을 다른 사람들에게 설득시키려고 이 책을 쓴 것이 아니다. 많은 다른 의견들 중 하나를, 지금까지 내가 경험하고 연구한 내용을 공유하고자 하는 것이다. 부모가 아이들에게 어떻게 불러지고 있던, 아니면 부모가 아이들에게 어떻게 불러지기를 바라던 관계없이 나는 이 책에서 마음이 건강한 아이로 어떻게 성장시킬 수 있는지에 대한 방법에 초점을 맞추려고 한다.

왜 아이들과
대화해야 하는가?

여러분들은 아마 '대화는 좋은 관계의 열쇠다.'라는 말을 들어봤을 것이다. 만약 정확하지 않다면, 적어도 '대화는... 의 근간이다.'와 같은 변형된 문장을 들어본 적이 있을 것이다. 표현이 어떻게 되었든 간에, 대화는 진정한 관계를 위해 가장 중요한 요소라는 점이다. 대화가 배우자, 고용주, 직원, 친구, 아이들과의 좋은 관계를 형성하는 데 많은 도움이 되는 것은 누구나 동의할 것이다. 대화는 자녀양육의 모든 측면에서 가장 중요한 수단이다. 그렇기에 대화는 정서적으로 건강한 아이로 기르는 완벽한 도구가 될 것이라고 생각한다.

자녀들과 무엇에 대해 이야기할 수 있는가?

부모들이 보기에는 하찮게 여겨지는 일들부터 심각한 일들까지 아이들이 사용하는 단어, 생각, 문장을 사용하여 질문하는 방식으로 대화를 시도해 보자. 대화는 아이들의 하루가 어땠는지에 대한 질문처럼 간단한 것으로 시작할 수 있다. 아이들에게 오늘 학교에서 친구들과 재미있는 일이 있었는지, 선생님과 특별한 일이 있었는지 등을 물어보라. 아이들에게 학교생활을 물어볼 때는 선생님 이름을 대고 질문을 하거나, 과목을 구체적으로 지적해서 질문하게 되면 더 친근감

마음이 건강한 아이가 행복하다

있는 관계를 가질 수 있다. 그런 다음 나이가 들수록, 간단한 일상을 묻는 질문으로 아이들과 서먹한 분위기를 화기애애한 분위기로 만들 수 있다는 것을 알게 될 것이다. "수학시간에 선생님은 어땠니?"와 같이 더 구체적인 질문들을 추가할 수 있다. 아니면 "이번 시험에서는 네가 공부한 내용이 많이 나왔니?", 아니면 "공부를 안 한 부분의 문제가 나왔니?"와 같이 말이다.

목표를 아이들과 공유하는 것은 어린 시절부터 아이들에게 자신의 위치를 항상 생각하게 하는 것은 물론이고, 계속 부모님과 대화를 하게 하는 좋은 주제이다. 가능한 한 빨리 여러분을 불편하게 할 수 있는 주제들에 대한 토론들을 아이들과 가벼운 대화로 시작해 보라. 왕따, 음주, 담배, 종교, 이성, 옳고 그름, 주제를 가리지 말고 아이들과 많은 대화를 나누는 것은 아이들에게 부모들이 자신의 삶에 관심이 있다는 것을 보여주는 중요한 신호이다. 이를 통해 아이들과 관계를 형성할 수 있음을 잊지 않기를 바란다.

사실, 이런 대화는 진실과 거리가 멀 수도 있다. 아이들이 진지한 것들에 대해 토론하기 시작할 정도로 '충분히 나이가 들었다'고 생각할 때까지 기다리는 것은 좋지 않은 생각이다. 오늘날 아이들은 수도 없이 많은 정보를 인터넷 상에서 아주 쉽게 습득할 수 있다는 것을 잊어서는 안 된다. 요즘 세상에서는 모바일 폰을 가진 모든 연령대는 세상의 모든 정보에 접근할 수 있다는 것을 명심하라. 아이들에게 좀 더 나은 정보를 제공하기를 원한다면, 이러한 주제에 대해 대화를 시작해 보라. 아이들을 이해하고 좋은 관계를 만드는데 아주 중요한 시작일 수 있다.

이런 대화는 진지할 필요가 없다. 모든 것을 비공식적인 상태로 둘 수 있기 때문이다. 사실 많은 부모들은 아이들에게 어떻게 다가가야 할지 모르기 때문에 심각한 주제를 두려워 할 때가 많다. 우리가 형식적이고 진지한 대화를 하라고 강조할 때, 우리는 스스로를 불편하게 만들고 있는 것이다. 우리 아이들도 이런 불편함을 아주 잘 알고 있다. 어떤 주제에 대해 '토론' 할 날짜와 시간을 정해놓지 말아야 한다. 그 대신에 아이들과 가까운 마트에 갈 때, 영화관을 가는 동안, 산책을 하는 동안 등등 아주 짧은 시간에 아이들과 대화를 할 수 있는 습관을 가져보라. 가장 좋은 점은 이런 이야기들을 비공식화 함으로써 여러분과 자녀들이 어떤 주제에 대해 이야기하는 것에 대한 두려움을 사라지게 하는 것이다.

만약 여러분이 여전히 불편하다면, 그 불편함을 이야기할 수 있어야 한다. 그리고 심지어 여러분이 왜 불편해 하는지 아이들에게 솔직히 말하는 것을 두려워할 필요가 없다. 이런 토론을 하는 것이 즐겁지 않다는 것을 그들에게 알려주면, 그들은 또한 주제를 둘러싼 긴장감을 줄일 수 있을 것이다. 어떤 주제에 대해서도 아이들과 이야기할 수 있다는 생각을 아이들이 갖게 하는 것은 아주 중요하다. 그 주제에 대해 어떻게 느끼는지, 대화를 통해 알고 싶어 하는 것은 무엇인지, 그리고 더 많은 것에 대해 토론할 수 있다. 만약 여러분이 무언가에 대한 답을 모른다면, 모른다고 말하라! 아이들에게 모른다고 시인하면, 아이들도 부모님들께 아마도 자세하게 설명하면서 이야기를 이어갈 수 있을 것이다. 이야기를 부모님이 꼭 주도해야 한다는 생각을 버려야 한다.

마음이 건강한 아이가 행복하다

아래에는 자녀들과 이야기를 하기 시작할 때 사용할 수 있는 몇 가지 추가적인 요령들이 있다. 약물, 담배, 술에 관해서는 대화를 일찍 시작하고 자주 이야기하자. 그리고 자녀들이 좋아하는 TV쇼, 영화, 그리고 다른 형태의 매체를 즐기고 이해하기 시작하면, 더 진지한 이성, 진로, 친구 사이의 관계 등에 대해서도 이야기를 할 수 있다. 여러분이 아이들에게 도움을 줘야 할 때, 영화 등장인물들이 담배를 피우거나 술을 마시고, 약물을 사용하는 장면이 나올 때, 그리고 그것이 뉴스에서 언급될 때, 아이들과 이러한 민감한 이슈들에 대해서 대화를 할 수 있는 최고의 기회가 된다. 아이들은 똑똑하고 여러분이 생각하는 것보다 빨리 지식을 흡수하기 시작할 수 있을 것이다. 어려운 대화를 금기시하거나, 너는 아직 몰라도 된다거나, 나중에 이야기하자 등등 대화를 회피하고 그 순간을 모면한다면 아이들에게나 부모들에게 아무런 도움이 되질 않는다.

예를 들어, 그들이 담배를 피우는 것의 효과에 대해 묻는다면, 타르에 중독되면 암, 심지어 죽음을 야기할 수 있다고 말해 주는 것이 좋다. 담배를 피우면 나중에 폐암이 걸려 처참한 결과를 맞을 수 있다고 알려주는 것이 목적이 아니다. 담배에 대한 유해성을 아이들과 자세하게 찾아보고 정보를 공유함으로써, 아이들이 담배를 오래 피우면 생기는 결과에 대해 스스로 느낄 수 있어야 한다. 약물이 자신과 주변 사람들에게 실제로 어떤 영향을 미칠 수 있는지에 대한 솔직한 설명을 해주는 것도 좋은 방법일 것이다.

아이들이 무엇을 알고 있는지 물어보고, 아이들이 잘못 이해하고 있는 것이 있다면 조사를 통해 아이들이 제대로 된 정보를 습득할 수 있도록 도와줘야 한다. 아이들이 얼마나 빨리 학교에서 약물, 담배, 그리고 술에 대해 이야기하기 시작하는지에 대해 부모님들이 알게 된다면 놀랄지도 모른다. 자녀들이 특정 주제에 대해 어떻게 생각하는지 알 수 있는 한 가지 방법은 아이들에게 다양한 질문을 하는 것이다. 물론, 학교에서 급식메뉴로 무엇이 나왔는지까지 물어볼 필요는 없지만, 적어도 학교에서 무슨 일이 일어나고 있는지 관심을 가져야 한다. "오늘 학교에서 무엇을 배웠니?"라는 간단한 질문, 또는 "오늘 어땠어? 수학시간은 재미있었니?"등과 같은 간단한 질문이 아이들을 완전히 다른 세상으로 인도할 수 있다. 만약 여러분의 아이가 스스로 담배나 술에 대해 배운 것을 말하고 진실을 부정한다면, 부모님의 지식을 강요하기보다는 객관적인 조사를 통해 사실에 대해 아이들이 직접 수정할 수 있도록 대화를 계속해 보자. 부모님의 뜻이 무엇인지 아이들이 이해할 수 있도록 설명을 잘 해주는 것이 좋다. 즉 당신의 자녀들이 흡연하는 것을 원치 않으며, 그리고 당신의 가정에서도 용인되지 않을 것이라는 점을 확실히 말해 둬야 한다. 나이가 들수록 그들과 더 자주 확인할 필요가 있고 친구들과의 관계에 지속적인 관심을 가져주는 것만이 아이들을 나쁜 길에 빠지지 않도록 막는 유일한 길이다.

왜 조기에 교육하는 게 좋은가?

'사춘기 약물 사용' 연구(https://www.drugabuse.gov 참조)에서는 심리학, 인간 발달, 기타 분야에 대한 풍부한 연구를 통해 사람들의 삶 초기에 일어나는 사건이나 상황이 아이들의 미래 생활관, 가치관, 실제 삶에 어떤 영향을 미치는지 고찰했다. 일반적으로 담배를 피우는

마음이 건강한 아이가 행복하다

사람들은 사춘기에 시작하는 경우가 많기 때문에, 당시에 어떤 환경에서 자라는지가 매우 중요하다.

어린 시절에 아이들과 대화를 시작하여 아이들의 인생에 일찍 개입하는 것은 아이들의 삶이 긍정적인 방향으로 나아가도록 하는데 많은 도움이 된다. 많은 연구자료에서 도출된 내용을 살펴보면, 삶의 방향을 정하는 어린 시절에 개입하는 것이 아이들의 미래의 삶을 긍정적인 방향으로 바꿀 수 있다고 한다.

이성과 성

자녀들과 성에 대해 논해야 하는 중요한 이유가 있다. 자녀와 성에 대해 이야기하는 것은 성관계에 대한 건강한 태도를 발전시키고 책임감 있는 성적 행동을 배우는 데 도움이 되기 때문이다. 또한 자녀와 성에 대해 공개적으로 논하는 것은 정확한 정보를 제공할 수 있게 해줄 것이다. 연구 결과에 따르면, 더 많은 부모들이 자녀와 성에 대해 이야기 할수록 첫 경험이 늦어지고, 10대 임신률은 가정에서 임신에 대해 논의하는 가족이 그렇지 않은 가족보다 훨씬 낮다고 한다.

우리는 그 이유를 연구를 통해 알고 있지만, 어떻게 우리 아이들과 성에 대해 이야기할 수 있을까? 그 문제에 대해 논의할 기회가 몇 가지 있다. 사춘기를 언급하거나 묘사하는 TV쇼나 영화를 볼 때가 좋은 기회일 수 있다. 아마도 그 이야기를 꺼내기 좋은 시기는 배우자에게 아이들이 보는 데서 키스를 할 때, 아이들이 쑥스러운 반응을 보일 때, 아이들에게 스킨십의 중요성에 대해 설명을 할 수 있는 좋은 기회가 된다.

'완벽한 시간'이 될 때까지 기다리지 말고 가벼운 대화부터 시작해보라. 대신 서두르지 말고 조금씩 점진적으로 대화를 시작하라. 심각한 일이 발생하고 난 이후에 아이들과 대화를 시작하는 것은 이미 늦은 것이다. 가벼운 대화를 시작으로 아이들과 관계 형성이 이뤄지면, 심각한 문제가 발생했을 때 자연스럽게 아이들이 부모님들을 대화의 상대로 여기고 대화를 할 수 있을 것이다.

기억하라. 앞에서 언급한 것처럼 이성, 술, 담배에 관한 대화에서 언급했듯이, 여기서 목표는 여러분의 자녀들이 그 주제에 대해 지식을 갖게 하고 올바른 결정을 내릴 수 있도록 돕고, 부모님을 신뢰하도록 돕는 것이다. 만약 당신이 위에서 언급한 어떤 주제라도 옳고 그름만을 판단하는 기준을 제시하려고 대화를 한다면, 아이들은 부모의 생각을 받아들이려고 하지 않을 것이다. 이런 식의 대화는 향후 아이들과 민감한 대화를 차단함으로써 아이들에게 큰 영향을 미칠 수 있는 중요한 사건들을 혼자 처리하게 하는 나쁜 결과를 초래할 수 있다. 부모들은 아이들에게 가능한 빨리 그들의 생각에 동의하고, 그들이 생각하는 올바른 길을 걷기를 바랄지 모른다. 하지만 그것은 오히려 아이들에게 좋지 않은 영향으로 작용할 수 있다는 것을 잊지 말아야 한다.

부모로서, 당신이 아이들에게 말하는 것은 중요하다. 여러분의 자녀는 잘못된 정보를 얻을 수 있는 성(性)과 같은 까다로운 주제에 대한 대화를 원하지 않는다. 따라서 아이들과 무겁고 진지하게 대화를 시작하기보다는 가벼운 대화를 통해 거부감을 없애서 아이들에게 신뢰를 얻어야 한다. 그 후 아이들이 정확한 정보를 얻을 수 있도

마음이 건강한 아이가 행복하다

록 도와줘야 한다. 아이들도 분위기가 허락한다면 민감한 정보를 가장 신뢰하는 부모님께 얻기를 원할지도 모른다. 여러분은 아이들이 현명한 결정을 내리도록 돕는 데 많은 역할을 할 수 있다. 물론, 성 문제나 음주, 흡연과 같은 민감한 문제를 이야기하는 것이 항상 쉬운 것은 아니다. 특히 아이들과 성에 대해 이야기하는 것과, 왜 당신이 그것을 중요하게 생각하는지 알릴 요령을 찾아보자. 다음의 질문과 답변이 도움이 될 것이다.

Q 왜 청소년들에게 성 교육을 하기로 결심했나요?

A 나 역시 10대 때부터 청소년들에게 성 교육을 해왔어요. 나는 친구들에게 생리가 어떻게 시작되는지 설명해 주었습니다. 저는 항상 아이들이 신체가 어떻게 작동하는지, 그리고 아이들이 부모나 친구, 그리고 미디어로부터 신체에 대해 얻는 메시지를 제대로 이해하길 바랐습니다. 저는 모든 사람들이 몸 속에서 편안함을 느끼고, 자신의 신체와 성별을 축하하길 바랍니다.

Q 왜 어린이들에게 성에 대해 이야기하는 것이 중요하다고 생각하나요?

A 아이들은 이미 TV, 영화, 소셜미디어, 그리고 또래들로부터 성과 성에 대해 잘못된 정보든 옳은 정보든 많은 것들을 얻고 있지요. 불행히도 아이들이 받는 많은 메시지들은 수치스럽고, 비관적이며, 폭력적일 수 있습니다. 아이들은 수많은 종류의 미디어 범죄 쇼나 포르노에서 성관계가 어떻게 작용하는지에 대한 정보를 얻고 있죠. 만약 아이들이 건강한 성관계와 남성과 여성

이 느끼는 성관계의 차이를 알지 못한다면, 아이들은 매체를 통해 얻는 정보가 유일한 모델이 될 수 있습니다. 예를 들어 매체를 통해 18세가 되면 자연스럽게 '콘돔 사용법', '성병에 대한 검사' 혹은 '여성의 은밀한 곳'에 대해 언급할 수 있죠. 안타깝게도 우리는 아이들에게 성교육을 할 때, 아이들의 인생에 필요한 지식을 제한하려고 합니다. 또는 아이들이 필요로 하기 전에 정보를 제공하기도 합니다.

Q 부모는 대화를 통해 어떤 역할을 할 수 있을까요?

A 아이들을 위해 10년 동안 일해 왔기 때문에, 아이들이 무슨 얘기를 하는지 잘 알고 있습니다. 아이들은 보통 질문이 많고, 많은 사람들과 이야기를 하고 싶어 하죠. 아이들은 정말로 당신이 하는 말을 듣고 싶어 합니다! 부모는 아이들에게 좋은 활력소가 될 수 있습니다. 부모는 또한 절친한 친구가 될 수 있고요. 부모들은 아이들이 친구, 선생님, 그리고 미디어로부터 얻은 모든 정보를 올바르게 이해할 수 있도록 도울 수 있습니다. 말하자면, 모든 부모마다 자녀 관계가 다르며 모든 아이들도 다릅니다. 어떤 아이들은 많은 의문을 가지고 당신에게 올지도 모릅니다. 어떤 상황에서는 너무 많은 질문에서 몇 가지만 뽑아야 할지도 모릅니다. 예를 들어, 제가 함께 일했던 한 부모는 아들이 자신의 질문을 큰 소리로 묻는 것보다 적는 것이 더 편안해 한다는 것을 알게 되었습니다. 그래서 아이에게 책 몇 권을 건네주고, 아이와 남편이 대화할 수 있도록 아이에게 질문을 쓰게 했습니다. 중요한 것은 진행 중인 대화에서 작은 순간들을 학습

마음이 건강한 아이가 행복하다

의 기회로 활용하는 것입니다. 여러분의 대화에 대한 불안감이 여러분이 대화를 하는 것을 전혀 방해하지 않도록 하세요. 여러분의 아이가 항상 듣고 주의를 기울이고 있다는 것을 기억하세요. 여러분이 성에 대해 노골적인 이야기를 하지 않을 때에도 말입니다.

Q 자녀들과 성, 임신과 같은 주제에 대해 대화하는 것이 불편할 수 있는 부모를 위한 조언은 무엇입니까?

A 긴장해도 괜찮아요. 이성관계와 같은 많은 주제에 대해 갑자기 전문가가 되어야 한다는 사실은 부모님들에게 어려운 문제일 수 있습니다. 또한 아이들을 훌륭하게 잘 키우는 것은 결코 쉬운 일이 아닙니다. 모든 부모님들이 전문 성교육자가 될 필요는 없습니다. 자녀들과 이야기하고 싶은 주제에 대해 스스로 공부하세요. 불안해도 대화를 시작하세요. 성에 대해 이야기하는 것이 편안해지려면 연습이 필요합니다. 남성과 여성에 대한 특별히 차별화되는 '이야기' 같은 것은 없다는 점을 기억하세요. 특별히 차별을 하기 시작하면 아이들은 단 한 마디도 하지 않을 겁니다. 이것은 강의가 아니라 진행 중인 대화입니다. 아이들이 하는 질문에 모든 정보를 부모님이 가질 수는 없습니다. "넌 어떻게 생각하니?" 또는 "더 자세히 알고 싶니?"와 같은 질문들을 해보세요. 답을 모른다면 항상 이렇게 말할 수 있습니다. "생각해 봐야 해." 또는 "하지만 찾아볼게." 또는 "확실치 않은 대답보다는 더 생각하고 나서 말하고 싶었어."와 같이 대답하세요.

Q   부모님들에게 실용적인 조언은 무엇입니까?

A   세 가지 요령이 있어요.

첫째, 여러분의 자녀에게 그들의 몸과 성관계에 대한 정보를 많이 주세요. 주변에 책을 두는 것만으로도 큰 차이를 만들 수 있습니다.

둘째, 배움의 기회를 얻기 위해 작은 일상이 순간들을 활용하세요. 자녀에게 가장 좋아하는 TV쇼의 관계에 관해 물어보세요. 만약 TV나 잡지 표지에 유명한 성 전환한 트랜스젠더가 있다면, 성 정체성에 대한 대화를 시작하기 위해 이를 활용해보세요. 당신의 아이나 친구 중 한 명이 말하는 걸 주의 깊게 들어보세요. 성관계와 성에 대한 은밀한 이야기를 할 수 있는 기회를 발견할 수도 있을 겁니다.

마지막 세 번째 팁은 자녀에게 정보를 제공하면 위험한 활동을 할 가능성이 높아진다는 생각을 버리는 것입니다. 단순히 그렇지는 않기 때문이죠. 운전을 생각해 보세요. 우리는 그것이 즐겁고 유용할 수 있다는 것을 인정해야 합니다. 그리고 우리는 아이들에게 운전할 때 안전하게 지내는 방법에 대한 정보를 줍니다. 아무도 청소년에게 안전벨트를 매라고 말하는 것이, 아이들을 과속하게 만들 거라고 생각하진 않죠!

Q   성관계에 대한 냉소적인 대화들이 자주 누락된다고 생각하세요?

A   민감하고 하기 싫은 이야기이지만 우리는 아이들에게 성관계가 무조건 나쁜 것이라는 생각을 심어줘서는 안됩니다. 사랑하는

마음이 건강한 아이가 행복하다

사람과 책임 있는 성관계는 세상에서 가장 아름다운 가정을 만들고 사랑을 키울 수 있다는 것을 아이들에게 인식시킬 필요가 있어요. 아이들이 영화나 인터넷 검색을 통해 접하게 되는 많은 좋지 않는 성관계는 아이들을 불안하게 만들 수 있어요. 특히 어린 아이들에게 성관계는 나쁜 것이라는 잘못된 인식을 심어 줄 수 있습니다.

지금 세상에서 아이들은 폭력적인 성적 이미지를 보는 경우가 더 많아요. 그들은 강간에 대한 이야기를 듣고 합의하지 않은 성관계를 보여주는 영화와 소설을 보는 경우가 많죠. 하지만 종종 좋은 성적 경험을 한다는 것이 무엇을 의미하는지 보여주는 경우는 많지 않습니다. 게다가, 우리가 성관계에서의 기쁨과 만족을 이야기할 때, 우리는 단지 아기를 만드는 것으로만 성에 대해 말하는 경우가 있어요. 그런데 성관계는 그보다 훨씬 더 많은 것을 담고 있다는 것도 이야기해 줄 필요가 있어요. 성관계를 통해 얻게 되는 기쁨과 즐거움에 대해 이야기하는 것은 물론, 합의된 성관계와 일정 연령이 된 후 책임감을 가지고 향후 일어날 일까지를 예측하고 갖는 책임 있는 성관계의 아름다움도 이야기할 수 있어야 합니다.

Q 학생들이 수업에서 빼앗길 것이 하나 있다면, 그게 뭐죠?

A 가장 중요한 것은 그들이 스스로 결정하고 결정할 수 있는 권한을 부여 받는 겁니다. 저는 또한 그들이 성별과 관련된 자신들의 신체와 선택에 대해 덜한 수치심과 판단을 느끼기를 바랍니다. 마지막으로, 성별과 성에 대한 여러분의 견해를 생각해 보는 시

간을 가져보세요. 젊었을 때 어떤 메시지를 받았나요? 성적인 관계나 낭만적인 관계에서 모든 사람이 무엇을 갖기를 바라나요? 자신의 성적이나 로맨틱한 삶에 대해 무엇을 알고 싶으세요? 그런 다음 자녀들뿐만 아니라 친구나 파트너와 이런 주제에 대한 대화를 시작하세요. 이러한 아이디어와 이슈에 대해 더 많이 얘기할수록, 여러분의 느낌과 자녀에게 무엇을 표현하고 싶은지를 더 쉽게 알 수 있을 겁니다. 그리하여 아이들과 대화를 시작할 수 있는 더 많은 요령을 얻으십시오.

* 이 인터뷰의 의견은 인터뷰 대상자들의 의견이며, 반드시 전체의 견해를 대변하는 것은 아니다.

권위와 종교를 '나쁜 행동'에 대한 억제책으로 사용

여러분이 성장했던 시대를 생각해 보자. 부모나 양육책임자들이 "내가 그렇게 말했기 때문에" 또는 "우리 종교에 어긋난다."라는 말을 얼마나 많이 사용했는지를.

아이들과 나누기 불편한 대화, 친구들과 일어나는 불화, 담배를 피우는 것, 술을 마시는 것, 이성과의 관계 등의 이야기는 아이들과의 관계에 장애로 작용하기도 한다. 그러나 민감한 이야기를 대화로 잘 풀 수만 있다면 아이들과 좋은 관계를 형성하는데 많은 도움이 될 것이다. 부모들이 자랄 때 많이 들었던 부정적인 표현, 즉 "이건 하지마, 이건 나빠!" 등의 표현을 아이들에게 많이 쓰는 것은 아이들과

마음이 건강한 아이가 행복하다

관계를 어렵게 만든다.

하지만 불행히도 우리가 나이가 들었기 때문에, 아마도 이런 자신의 경험을 토대로 나쁜 예시를 많이 들어가며 아이들을 가르치려는 경향이 있는 것이다. 정말로 우리를 어렵게 하는 것은 아이들의 행동을 우리가 알고 있는 옳고 그름으로 판단하기 때문이다. 그것을 윤리화 또는 규범화 하려는 경향이 강한데, 이런 행동은 아이들과의 대화에서 가능한 자제해야 한다.

만약 여러분의 가족이 종교가 있는 가정이라면, 종교를 표현하는 것은 사실 대단한 일이다. 그리고 영적인 믿음은 분명히 우리 아이들에게 나쁜 행동을 피하도록 촉구하는데 도움이 될 수 있을 것이다. 이를 알아두는 것이 중요하다. 그러나 여러분의 자녀들이 여러분의 의견에 동의하도록 설득하기 위해 종교를 지나치게 사용하는 것은 아이들과의 관계뿐만 아니라, 종교에 대한 거부감도 생길 수 있으니 주의를 해야 한다. 종교를 부정적인 행동을 단념시키는 유일한 방법으로 사용함으로써, 여러분은 그들의 눈에 있는 나쁜 시각으로 종교를 그려낼 우려가 있다.

아이들은 어쨌든 그러한 것들을 하고 싶어 하는데 종교적인 교리만을 강조해서 아이들의 행동을 제재한다면, 아이들은 종교를 포기할 수도 있다는 것을 알아야 한다. 즉, 여러분이 성, 마약, 술, 또는 여러분의 자녀들이 삼가기를 바라는 다른 주제들에 대해 토론하고 싶다면, 여러분은 왜 그들이 특정한 일을 못하게 하는지를 설명할 수 있어야 한다. 우리 아이들이 정말로 필요로 하는 것은 합리적인 논거가 아니라 아이들이 받아드릴 수 있는 이유이다. 그들은 추측이 아니라 이해할 수 있는 사실이 필요하다. 민감한 주제에 대해 정말로 이야기함으로써 그들은 자신이 느끼는 것에 대해 솔직해질 수 있다. 그리고 여러분은 아이들이 피하길 원하는 것을 피하는 방법을 아이들이 스스로 생각해 내도록 도울 수 있을 것이다.

대화가 너무 어렵거나 완전히 불가능할 때

어떤 부모들에게는 자녀들과 아주 간단한 주제에 대해서도 이야기하는 것을 어려워하는 경우도 있다. 아마도 그런 부모들은 아이들과 대화를 나눌 주제를 찾는데 너무 오랜 시간을 보냈을 수도 있고, 아이들과 간단한 주제조차도 대화를 할 수 없을 정도로 관계가 멀어져 있을 수 있다. 이럴 때는 심리학자나 공인된 정신건강상담사, 심지어 자녀의 학교에서 지도상담사들의 도움을 받아 아이들과 대화를 시작해 보는 것도 좋은 방법이 될 수 있다. 이런 문제에 대한 지원을 받는 것이 도움이 되는 경우가 많기 때문에, 자녀에게 말을 걸 수 없다고 생각되면 적어도 누군가가 대신해 줄 수 있다는 것도 알아야 한다. 가능하다면, 대화를 하는 동안 적어도 도움을 주는 사람들과 함께 있도록 노력해보라. 다른 사람을 데려와 대화하는 것은 과정이 끝난 후, 여러분과 여러분의 자녀들 사이의 대화를 시작하는 촉매제가 될 수 있을 것이다.

🛡 요약

의사소통은 우리 아이들의 정서적 건강에 큰 역할을 한다.

우리는 우리 아이들에게 음주, 흡연, 이성관계, 친구관계 등 어려운 주제들을 포함한 모든 것에 대해 이야기를 나눠야 한다.

마음이 건강한 아이가 행복하다

일찍 이야기를 시작하고 금기시되는 주제들에 관해서라면 더 자주 이야기를 나눠보자. 우리가 불편하게 여기는 주제들에 대한 오명을 없애는 것이 중요하다. 우리가 불편할 때조차도 아이들을 편안하게 해줘도 괜찮고, 어떤 것에 대해 답을 모른다고 말하는 것도 나쁘지 않다.

어려운 주제에 대해 과거의 불편함을 극복하기 위한 훌륭한 방법은 아이들에게 말할 수 있는 모든 주제들을 적어놓고 읽음으로써 대화를 시도해 보는 것이다.

우리 아이들에게 긍정적인 생각과 좋은 생각을 많이 심어줘야 한다. 그럼에도 불구하고 자녀들과 대화를 시작하는 것이 어렵다면 적어도 자녀들에게 거부감을 심어주지 않도록 노력해야 한다. 그리고 필요하면 정신건강 전문가나 상담가의 도움을 이용할 수 있다.

우리가 어떻게
들을 수 있을까?

첫 번째 장에서 우리는 의사소통의 중요성을 다뤘다. 여러분도 알다시피 소통은 양방향의 길이라는 것을 알았을 것이다. 앞에서는 당신의 자녀들과 대화할 필요성에 대해 논의했지만, 이제는 자녀들의 이야기를 경청하는 것에 집중해야 할 때이다. 우리는 아이들을 가르치고, 지도하고, 치료하고, 더 많은 것을 돕기 위해 아이들이 하는 말을 들어야 한다. 우리는 대부분의 사람들이 하는 잘못된 방법과 올바른 방법이 있다는 것을 알고 있고, 경청하는 방법도 마찬가지다. 먼저, 우리 아이들의 말을 들을 수 있는 잘못된 방법을 살펴보도록 하겠다.

듣지 못하는 잘못된 사례

1. 조니는 학교에서 돌아와서 누군가 운동장에서 그를 밀었다고 말했다. 선생님은 그의 이야기를 듣기보다는 운동장에서 너무 많은 시간을 보낸 것에 대한 질책만 했다고 불평한다. 부모들은 정작 아이가 무슨 짓을 했는지 이야기를 듣지도 않고, 선생님의 잘못된 행동에 대해서만 화를 내고 아이들의 이야기에 귀 기울이지 않는다.

마음이 건강한 아이가 행복하다

2. 수지는 저녁 식사 때 티모시의 담배 피우는 것이 멋있어 보여 담배를 피워 볼까 하는 생각을 한다. 그러나 부모님들은 아이의 생각에는 관심이 없고, 담배 피우는 것을 보는 것은 좋지 않으니 빨리 방으로 들어가라고 이야기한다. 아이들이 무슨 생각을 하는지 보다는 부모님들이 해롭다고 생각하는 것을 못하게 강요하는 경우가 많다.

3. 워커는 지난 한 시간 동안 당신의 관심을 끌려고 노력했다. 그런데 당신은 그의 얼굴에 있는 멍을 알아차리지 못했고, 또한 뺨에 흘러내리는 눈물조차 눈치채지 못했다. 당신은 회사동료와의 전화통화에 사로잡혀 있었기 때문이다.

4. 타비타는 건강 교사가 다음 주에 성교육에 대해 토론해야 한다는 이야기를 했다. 그런데 당신은 성교육에 대한 불편한 심기를 드러내고 다른 주제로 바꾸고자 한다.

5. 대런이 크리스마스 선물로 인형을 달라고 하는데, 당신은 인형 대신 포수의 장갑이 선물로 좋다고 이야기한다. 물론 아들에게 포수장갑이 지금 당장 필요한 물건이라 해도, 아이가 선물로 받고 싶은 것이 따로 있을 수 있다는 것을 알아야 한다.

6. 애슐리는 지금 배가 아파서 아무것도 먹을 수 것 없을 것 같은데, 부모님은 "세상에 굶주리는 아이들도 있어! 자리에서 일어나기 전에 채소를 모두 먹어야 해."라는 말을 한다. 때문에 부모님과 더는 대화를 이어갈 수가 없다.

이런 시나리오에 문제가 숨어 있는 것을 알아채고 있는가? 좀 더 자세히 살펴보자. 만약 당신이 다음과 같은 일을 한다면 당신은 자녀들과 의사소통을 하는 데 어려움을 겪을 것이다.

당신은 자녀들이 그들 자신의 결론에 도달하기 전에 강의를 시작한다. 당신은 그들이 말하는 것에 대해 선입견으로 그들을 판단하고 있다.

당신은 자녀들이 말하는 것에 대해 눈에 띄게 불편하다. 당신은 그들을 계속 방해하고 있다. 즉, 그들이 말을 끝내기도 전에 질문을 하고, 그들이 어떻게 느끼는지 말하기 전에 그들이 어떻게 느끼는지 말하고, 전화를 받지 못하게 한다. 당신은 지금 실제로 듣고 있지 않는 것이다.

그런데 여기 올바른 듣는 방법이 있다. 즉, 당신의 질문에 대한 추가 질문을 하기 전에 아이들이 완전히 대답하도록 충분한 시간을 주는 것이다.

아이들에 대해 쉽게 판단하지 말고 스스로 말하게 하는 것이 좋다. 눈에 띄게 짜증을 내거나, 걱정하거나, 심지어 과도한 반응으로 칭찬하는 것도 좋지 않다. 여러분은 단지 그들이 생각하고 있는 모든 것을 말할 수 있도록 해야 한다. 그것이 가장 좋은 경청 방법이다.

듣기의 올바른 방법과 사례

- 당신은 질문을 던지고 후속 질문을 하기 전에 아이들이 완전히 대답하도록 한다.
- 당신은 그들을 전혀 판단하지 않고 그들 스스로 말하게 한다.

마음이 건강한 아이가 행복하다

- 아이들이 생각하는 것을 말하고 싶은 것이지, 당신을 짜증나게 하거나, 걱정하거나, 심지어 칭찬을 받기 위해서 하는 말이 아님을 알아야 한다. 여러분은 단지 그들이 생각하고 있는 모든 것을 말할 수 있도록 아이들의 생각을 이해하고 공감하면서 잘 들어 주어야 한다.

자녀의 말을 들어주는 것의 좋은 점

우리의 아이들에게 귀를 기울인 결과 즐길 수 있는 몇 가지 훌륭한 혜택들이 있다. 그 중 하나는 그들이 여러분의 말에 귀 기울일 가능성이 더 높다는 것이다. 우리가 아이들에게 그들의 말에 주의를 기울일 만큼 충분히 관심을 가지고 있다는 것을 보여줄 때, 그들은 당신에 대한 친밀감으로 상호작용할 가능성이 높다. 따라서 더 큰 존경심을 보여줄 것이다. 경청하는 것의 또 다른 이점은 우리가 그 어느 때보다 우리 아이들에 대해 더 많이 배울 수 있다는 것이다. 흡연자가 되기로 결정했다는 수지의 언급처럼 간단한 것이 의사소통의 수문을 열 수 있다. 예를 들면 이런 방식이다. "아마도 수지가 관심을 끌려고 손을 뻗고 있는 것 같아. 아마 수지는 학교에서 기분이 별로 좋지 않을 거야. 그리고 이것은 그녀가 자신감이 부족하다는 것을 말해주려 하는 거야."

아마도 수지는 흡연자들이 영화나 텔레비전에서 묘사되는 방식 때문에 정말로 멋있어 보인다고 생각할 것이다. 그녀의 말을 듣고 그녀가 어떻게 느끼는지 물어봄으로써 문제의 근원에 다다를 수 있고, 흡연과 관련된 위험성에 대해 그녀에게 안내함으로써 대화를 계속 이어갈 수 있을 것이다.

우리의 아이들에게 귀 기울이는 것의 마지막 장점은 우리가 아이들에게 더 가깝게 느껴질 것이라는 점이다. 우리가 그들과 좋은 관계를 맺고 있다고 느끼는 것이 매우 중요하고, 우리가 들을 때 관심을 가지고 있다는 것을 보여준다. 아이들이 누군가 그들을 돌본다고 느낄 때, 그것은 그들의 정서적, 정신적 건강에 대한 무표정한 부양이다. 동기부여 전문가인 토니 로빈스는 '사랑의 욕구는 행복에 필요한 기본적인 인간의 욕구'라고 한다. 아이들에게 관심을 보이고 오늘 그들의 목소리를 듣기 시작하자. 그러한 행동과 태도의 변화는 당신의 아이들에게 긍정적인 변화를 가져올지도 모른다.

적극적으로 아이들 이야기 들어주기

적극적인 경청은 자녀와의 의사소통을 개선하는 좋은 방법이다. 그것은 당신의 아이가 하는 말에 관심이 있고 더 듣고 싶어 한다는 것을 아이들에게 느끼게 해준다. 여러분이 적극적으로 귀를 기울이고 아이들의 말을 듣고 있을 때, 당신은 아이에게 모든 주의를 기울이게 된다. 당신은 아이들과 눈을 마주치고, 당신들이 하고 있는 다른 것들을 멈추고, 아이의 눈높이로 내려가 아이들의 이야기를 이해하려 하게 될 것이다.

당신은 아이들이 무슨 말을 하고 있는지, 그리고 무엇을 느끼고 있는지 경청하고 이해하려고 노력하게 될 것이다. 어린 아이에게 적극적으로 귀를 기울이면 아이들과 강한 유대관계가 형성된다. 아이가 성장함에 따라, 계속해서 적극적으로 아이들의 말을 들어준다면, 부모와 아이들과의 관계는 계속해서 더 강해질 것이다. 아이와의 강한

마음이 건강한 아이가 행복하다

유대관계는 아이들이 나이가 들어감에 따라 꿈과 목표는 물론, 아이들이 처한 어려움에 대해 당신과 이야기할 가능성이 더 커진다.

특히 우리가 힘들고 바쁜 하루를 보냈거나, 아이들도 계속해서 같은 문제를 가지고 있는 것처럼 보인다면, 아이들의 문제에 오히려 무관심해지고 싶은 유혹에 가끔 빠질 수도 있다. 하지만 우리 아이들에게 자신들의 말을 계속 들어줄 것이라는 확신이 들도록 꾸준히 노력해야 한다.

활동적인 듣기의 예 1

아이의 야구 경기는 6시에 시작할 예정이다. 부모들은 저녁을 만들고, 숙제를 돕고, 게임을 할 준비를 할 수 있는 짧은 시간밖에 없다. 당신들이 어떻게 그것을 다 해낼 수 있을지 예측하기 어렵다.

아이들이 노는 동안, 여러분은 재빨리 저녁을 만들기 시작한다. 곧, 당신 아들의 우는 소리가 들린다. 그는 다가와서 형이 그를 때리고 나쁜 이름을 불렀다고 말한다. 당신의 아이들은 항상 서로 싸우면서 애정을 키워가지만, 그 과정은 상당히 힘들다. 아이가 하는 말에 고개를 끄덕이면서도 계속 저녁을 만들고 싶은 유혹을 느끼지만, 그 다음에 적극적으로 듣고 있다는 것을 보여주기로 결심한다. 당신이 하고 있는 일을 멈추고, 그를 돌아보고, 눈을 마주치고, 그가 당신에게 말한 것과 그가 어떤 기분인지 요약해 보자.

"형이 동생을 때리고 비열한 말을 했을 때 너는 정말 많이 화가 났겠구나." 이렇게 함으로써, 당신은 아이에게 주의를 집중하고 있다는 것을 알린다. 아이는 자신의 감정과 기분이 당신에게 중요하다는 것을 느끼게 될 것이다.

※ 때때로 화가 난 아이는 자신이 느끼는 감정을 말하지 못할 수도 있다. 적극적인 경청은 아이들을 도울 수 있는 좋은 방법이 될 수 있다.

활동적인 듣기의 예 2

유치원에서 딸을 데려온다.

딸은 울면서 가장 좋아하는 장난감을 친구가 가져가며 딸에게 혀를 내밀었다고 말한다. 당신은 적극적으로 듣고 있다는 것을 딸에게 보여주면서 "친구가 가장 좋아하는 장난감을 가져가는 것이 슬펐겠구나."라고 말해 보자. 당신 딸은 계속 울고 고개를 끄덕인다. 딸은 친구가 그 장난감을 깨뜨릴 거라고 생각한다고 말한다. 당신은 딸에게 "그래서 친구가 장난감을 망가뜨릴까봐 두려웠어?"라고 말하면서 여전히 적극적으로 귀를 기울이고 있다는 것을 보여준다.

이 때, 당신의 딸은 조금 진정될 것이다. 당신과 딸이 계속 이야기를 나누는 동안, 딸은 화가 난 것이 괜찮으며 큰 일이 아니라는 것을 스스로 느끼게 될 것이다.

※ 아이들은 누군가와 대화하면서 자신의 감정을 표현하고 대처하는 법을 배우기 시작하게 된다.

활동적 듣기 사용에 대한 추가 정보는 아래와 같다.

여러분이 듣고 있다는 것을 보여주기 위해 아이들에게 호응하는 표현을 많이 사용하는 것이 좋다. 깊은 관심의 표현은 자녀에게 적극적으로 귀를 기울이고 있다는 것을 보여주는 한 가지 방법이다. 여러분은 아이가 한 말을 되풀이 하거나 여러분이 생각하는 감정을 표시하고 요약함으로써 목표를 달성할 수 있다.

단어들의 반영

아이의 말을 반영할 때 아이가 한 말을 반복해 보자. 이것은 아이로 하여금 여러분이 적극적으로 듣고 있다는 것을 알게 해준다. 아이들은 당신이 자신의 말을 사용하는 것에 주목하고 있다. 이것은 당신의 아이가 당신의 관심을 원하기 때문에 더 많이 말할 것이라는 가능성을 증가시킨다. 당신의 아이가 한 말을 정확히 반복할 필요는 없지만 매우 유사하게 해보자. 세부 사항을 추가하거나 줄임으로써, 아이가 한 말을 바로잡을 수 있다.

감정의 반영

여러분이 아이의 감정을 반영할 때, 여러분은 아이의 행동을 관찰하고 그가 행동하고 있는 것처럼 보이는 감정들을 묘사한다. 이것은 여러분의 아이에게 감정에 대한 단어를 주고 감정에 대해 말하는 것이 괜찮다는 것을 알게 해준다. 감정을 반영하는 것이 항상 쉬운 것은 아니다. 여기 그것을 쉽게 하기 위한 몇 가지 조언이 있다.

• 확실하지 않더라도 추측해 보자.

아이가 어떤 기분인지 확실하지 않은 때가 있을 수 있다. 예를 들어, 아이가 울고 있을 수도 있지만, 여러분은 아이가 화가 났는지, 겁에 질렸는지, 슬퍼하는지 알 수 없을 것이다. 당신은 아이에게 당신이 주의를 기울이고 있다는 것을 알리고 그가 어떻게 느끼는지 이해하려고 노력한다는 것을 알려 보자. 당신의 아이는 자신이 어떤 기분인지 모르고 이야기를 함으로써 그것을 함께 이해할 수 있을 것이다.

• 항상 말이 필요한 것은 아니다.

　당신이 아무 말도 하지 않아도 당신이 무엇을 하느냐에 따라 그녀가 어떻게 느끼는지 주의를 기울이고 있다는 것을 당신의 아이에게 알려줄 수 있다. 아이가 화가 났을 때 그냥 옆에 앉아 있거나 신체적으로 가까이 있으면서 안부를 물어보면 된다.

• 항상 동의할 필요는 없다.

　때로는 아이의 감정을 다른 방식으로 대응해야 한다고 생각하기 때문에 요약하는 것이 어려울 때도 있다. 아이에게 특정한 방식으로 느끼는 것을 멈추라고 말하거나 걱정하지 말라고 하는 것은 아이의 기분을 잘 이해하지 못하는 것으로 비춰질 수 있다. 당신의 어린아이와 이야기를 나누면서 당신은 아이의 감정에 대해 대화하는 것을 도울 수 있다.

• 다른 감정에 대해 이야기해 보자.

　아이들은 동시에 여러 감정을 가질 수 있다. 예를 들어, 당신의 아이는 슬프고 동시에 두려울 수 있다. 모든 감정에 대해 이야기함으로써, 당신은 아이에게 관심을 기울이고 있음을 보여줄 수 있다. 그리고 그 안에서 아이의 감정을 진심으로 느낄 수도 있다. 여러분은 또한 아이가 많은 다른 감정들을 다루는 방법을 알아내도록 도울 수 있다.

• 틀릴까봐 걱정할 필요가 없다.

　때때로 부모들이 적극적인 듣기 기술을 배울 때, 그들은 아이들의 감정을 잘못 요약하고 이해하고 표현할까봐 걱정을 하기도 한다. 하

마음이 건강한 아이가 행복하다

지만 걱정하지 말자. 아이들은 보통 자신의 감정이 잘못 묘사되면 부모를 바로 잡는다. 만약 당신의 아이가 당신을 바로잡는다면, 다시 시도해 보자. 아이가 당신들에게 말한 것을 깊이 생각해 보고, 아이에게 더 많은 말을 하자. 아이의 감정을 묘사하는 방법을 배우도록 조금씩 대화의 범위를 넓혀가 보자.

💠 요약

소통은 양방향이며, 대화의 중요성만큼이나 경청도 마찬가지로 중요하다. 아이들이 이야기하려고 할 때, 미리 판단하지 말고, 아이들의 이야기를 끊지 말고 끝까지 들어주자.

빨리 결론을 내리지 않고, 우리의 아이들에게 귀를 기울여보자.

우리의 아이들에게 귀를 기울임으로써 우리는 행동 문제, 자존감 문제 등과 같은 것들의 근본 원인에 도달할 수 있다.

갈등해결에
가장 좋은 방법은
무엇인가?

아이들 사이의 건강한 소롱의 중요성

일반적으로 부모들은 많은 시간과 노력을 들여 아이들이 행복하고, 건강하고, 잘 적응할 수 있도록 육아에 많은 초점을 맞추는 경우가 있다. 반면, 부모들이 자주 간과하는 요소 중 하나는 아이들과의 의사소통과 갈등 해결임을 잊지 말아야 한다. 이것은 특히 급성장하고, 목표를 지향하며, 기술 중심의 사회에서 점점 더 어려워지고 있다. 현대 사회에서 아이들과 보호자들은 모두 그저 하루의 시간을 보내려고 거의 매일 같은 일을 반복하면서 살아가고 있는 자신을 발견할 때가 많다. 심지어 가장 훌륭하고 좋은 부모들조차 아이들의 학업, 운동, 또는 과외 활동에 몰두하며 며칠 혹은 몇 주를 보내는 것을 너무 쉽게 찾아 볼 수 있다. 기본적인 의사소통, 즉 날짜, 시간, 지시사항들은 모든 가정이 원활하게 돌아가도록 하는 데 필수적이다. 하지만 최근의 연구들은 아이들이 적응할 수 있는 환경을 조성하는 것만으로는 충분하지 않다는 것을 시사한다.

사람들은 사회적 기술을 어른이 될 때까지 잘 다듬지만, 모든 의사소통과 갈등 해결 기술의 토대는 어린 시절에 만들어지는 경우가

마음이 건강한 아이가 행복하다

많다. 아이들의 양육자로서, 이러한 기술을 습득하여 적용하는 것은 부모들의 의무이다. 또한 이러한 노력은 부모들에게 아이들을 이해하는데 많은 노하우를 갖도록 당신들을 도울 것이다. 아이들과 의사소통 기술을 취득하지 않고 대화가 줄어들게 되면, 아이들은 나이가 들면서 그들의 욕구와 문제에 대해 당신들과 소통하기 더 어려워질 수 있다.

자녀와 의사소통 능력이 부족한 부모는 이러한 단점이 기존의 행동과 정서적 문제를 악화시킨다는 것을 알 수 있다. 의사소통을 제대로 할 수 없는 아이는 학교와 가정에서 더 잘못된 행동을 할 가능성이 높으며, 또한 불안감, 분노, 심지어 우울증과 같은 정서적 증상으로 몸부림칠 가능성이 더 높다. 의사소통은 모든 사회적 기술의 토대이기 때문에 의사소통에 있어 부적합한 것을 보여주는 아이는 또래와 관계를 맺기 어려울 수 있다.

다행히도, 의사소통 기술은 아이들에게 꽤 쉽게 가르칠 수 있다. 아이들에게 가르치는 가장 좋은 방법은 역할 모델이 되는 것이다. 아이들과 이야기하는 것은 아이들이 정신적으로 건강한 성인이 되도록 양육하는 데 있어 중요한 부분이다. 몇몇 연구는 이러한 기술들이 유아기에 발달하기 시작하며, 부모님과 정기적으로 말을 하는 아이들은 나이가 들면서 더 높은 자아의식과 더 적은 행동 문제를 보인다는 것을 확인시켜 준다. 부모들이 아이들에게 일찍 말을 거는 가장 쉬운 방법 중 하나는 아이들에게 책을 읽어주는 것이다.

다른 부모들은 그들의 아이가 방에 있을 때 그들의 행동에 대해 이야기하는 것이 정서적 친밀감을 조장한다는 것을 알게 될 것이다. 이것은 들리는 것보다 더 간단하다. 즉 아이들을 부엌으로 데려와 요리하는 동안 아이들에게 요리법의 세부사항을 알려주는 것만큼 간단한 문제일 수도 있다. 단어와 행동을 연결하고, 서로 행동을 공유하는 간단한 행동은 발달한 아이의 뇌에 강력한 영향을 줄 수 있다. 문제해결 기술을 강화할 수 있는 기본을 가르칠 수도 있다.

어른들은 종종 자기 자녀에 대해 이야기하고 싶은 유혹을 느낀다. 왜냐하면 어른들은 더 많은 경험을 가지고 있기 때문에 자녀 문제에 대한 해결책을 알고 있다고 생각한다. 따라서 아이가 말을 끝내기 전에 끼어드는 경우가 많이 있다. 아이가 자신을 화나게 하는 것에 대해 부모들에게 이야기하기 위해 다가갈 때, 부모님들은 자신들이 하는 일을 멈추고 아이들이 말을 다했다고 생각될 때까지 아이에게 모든 주의를 기울이는 것이 중요하다. 이것은 아이가 자신의 생각과 감정을 말로 표현하는 것을 연습할 수 있게 해준다. 또한 이것은 그들의 인생 동안 귀중한 기술이 될 것이다. 충고하는 말로 아이들을 차단하는 것은 아이들의 문제를 하찮게 만든다. 그리고 아이들에게 더 이상 부모들과 대화를 할 필요가 없다고 느껴 점점 더 많은 비밀을 만들게 할 수도 있다.

아이에게 귀를 기울인다는 것은 또한 텔레비전을 끄거나, 신문을 따로 떼어 놓거나, 방에 있는 다른 방해물들이 무엇이든 무시하는 것을 의미한다. 아이들과의 진지한 대화는 다른 방해 받는 일들로 인해서 아무 의미 없는 대화로 끝나서는 안 된다. 아이들에게 대화를 계

마음이 건강한 아이가 행복하다

속하게 하고, 아이들의 문제를 충분히 이해하고 있다는 것을 느끼게 하려면 부모가 아이들의 이야기를 끝까지 들어 주어야 한다.

아이들과의 진지한 대화는 더 많이 아이들에게 물어보거나, 단순히 "널 화나게 했음에 틀림없다." 또는 "와, 정말?" 같은 표현을 사용함으로써 쉽게 이루어질 수 있다. 아이가 스스로 듣도록 연습하게 하는 것 외에도, 이것은 아이들에게 능동적인 대화를 이끌어가는 방법을 가르치는 이점이 있다.

다른 충고를 한마디 덧붙이자면, 아이들에게 말하지 말고 아이들에게 말하게 하라는 것이다. 가능하면, 아이들에게 영향을 미칠 것들에 대해 발언권을 부여하라. 자녀에게 스스로 결정을 내릴 수 있는 자유를 줌으로써 부모들은 중요한 문제해결의 기술을 가르쳐 줄 수 있다. 아이들이 직접 자신의 문제를 이야기하고 스스로 해결할 수 있도록 돕는 것은, 향후 아이들이 어려운 일을 만났을 때 문제의 본질을 이해하고 타협하는 기술을 익히게 하는 것이다.

아이가 다른 사람을 대화에 포함시키기를 원하지 않는 한, 부모들은 관계없는 사람들을 대화에 끌어들이지 말아야 한다. 그것은 아이가 현재 가지고 있는 갈등을 해결하는데 도움이 되지 않는다. 부모가 친구나 다른 가족 앞에서 아이 행동 문제에 대해 논의하기 시작하면, 문제를 해결하기보다는 아이의 자존감을 건드려 문제를 더 키울 수 있다. 아이를 존중하고 아이와 나눈 대화는 비밀로 해주자.

아마도 가장 중요한 것은, 화를 내며 말하지 말라는 것이다. 부모는 자녀들을 비웃거나 조롱하거나 비하해서는 안 된다. 그들을 당황하게 하기 위한 모욕, 수치심 또는 논평은 분쟁 해결에 도움이 되지 않는다. 아이를 꾸짖으며 설교하기보다는, 그들의 좌절이나 두려움, 욕망을 극복할 수 있도록 그들을 격려해 주자. 아이가 자신의 주위에서 일어나는 일에 대해 부모님과 대화하며 칭찬을 받는다면, 그것이 어렵거나 화가 나더라도 더욱 솔직해질 가능성이 더 높아질 것이다. 아이들과 간단한 문제에 대한 지속적인 대화는 아이들에게 "나와 공유해줘서 고마워." 또는 "나에게 그것에 대해 말해줘서 기뻐."라고 말하는 것과 같은 효과를 얻을 수 있다.

하지만 명심해야 할 한 가지는 모든 부모들이 실제 의미하지 않는 말을 해서 아이들과 대화가 단절될 수 있다는 것이다. 아이들이 오해할 수도 있고, 부모님의 표현이 틀렸을 수도 있다. 중요한 것은 말과 말투에 좀 더 솔직하게 표현하는 것이다. 당신이 말하는 모든 것과 당신이 말하지 않는 모든 것들은 당신과 아이의 관계에 영향을 미칠 수 있다. 만약 여러분이 말을 잘못한 것처럼 느낀다면, 잘못된 표현에 대해서 솔직하게 설명을 하고 사과를 하는 것도 괜찮다. 그러면 아이들은 부모님도 인간이고 실수를 할 수 있다는 것을 이해함으로써 유대감을 강화시키거나, 적어도 그들이 당신을 더 잘 이해할 수 있도록 도울 수 있다. 강력한 커뮤니케이션을 구축하는 또 다른 핵심 방법은 후속 조치이다. 대화를 나눈 며칠 후, 부모들은 문제를 해결했는지 확인하기 위해 그 문제를 다시 제기해야 한다. 혹은, 그렇지 않다면 더 나은 해결책을 찾기 위해 아이와 협력해야 한다.

요약하면, 부모와 자식 간의 의사소통은 문제를 해결하고, 안전한 방법으로 함께 해결하는 기술이다.

공동 양육을 위한 소통 방법

아이들은 태어날 때 아무것도 그려지지 않는 백지 도화지이며, 자신과 세상에 대한 정보가 전혀 없다. 이처럼 텅 비어 있다는 것은 높은 가치이다. 우리가 아이들에게 소개하는 믿음 시스템이 아이들에게 처음 갖는 경험이 되는 것이다. 부모님이 전달하는 많은 것들이 아이들의 마음에 스며들어 무엇이 되는지를 결정한다. 아이들은 부모와 일상적인 교류를 통해 기본적으로 부모님들의 요구를 식별하고 의사소통하는 방법을 배운다. 아이들은 주요 등장인물들이 자신과 다른 사람들에게 어떻게 관계되는지 관찰함으로써 정서적 건강에 필요한 도구를 습득한다. 이것은 아이에게 노출된 육아 스타일이 아이들에게는 앞으로 세상을 대처하고 미래 삶에서 다른 것들과 관계를 맺는 방식을 결정하는 데 중요한 역할을 한다는 것을 의미한다.

당신이 자녀와 함께 살든 헤어져서 살든, 당신의 자녀를 어떻게 양육하느냐가 아이들의 정서적 건강은 물론 인생에서 닥칠 문제를 이겨나가는 능력을 결정하게 된다. 사람마다 차이는 있겠지만, 모든 부모들은 자녀에게 가장 좋은 이익을 우선시해야 한다. 또한 모든 아이들은 최고의 양육을 받을 자격이 있다는 것을 인지하고, 소통하는 기술을 활용하는 것이 중요하다.

자신을 사랑하는 것부터 시작

사랑은 자녀들에게 가르쳐야 하는 가장 본질적인 덕목 중 하나이다. 아이들은 자신이 대하는 태도와 다른 사람들이 자신을 대하는 모습을 지켜보면서 사랑과 증오를 갖게 된다. 아이들은 세상에 기여하기 전에 보호자들로부터 사랑과 증오의 충동을 받아들인다. 부모들 사이의 자애와 사랑을 통해 아이들은 자신과 세상을 전반적으로 사랑하게 될 것이다. 그리하여 아이들은 자신의 길을 헤쳐 나갈 수 있을 것이며, 갈등과 문제를 해결하는 대처능력이 향상될 것이다.

좋은 롤 모델

앞에서 언급한 것 같이, 아이들은 부모와의 개인적인 관계를 기반으로 정서적으로 건강하게 자신들을 성장시킨다. 그리고 자신들의 성장을 위한 좋은 도구로 부모님을 선택하고 향후에도 많은 대화를 할 수 있을 것이다. 이 경우, 아이가 올바른 방법을 채택하기 위해서는 가능한 최고의 역할 모델로 부모님이 되어야 한다. 부모님과 아이들 간의 갈등을 해결하는 방법은 아이가 향후 성장시켜야 할 문제 해결 능력의 종류를 결정할 것이다. 예를 들어, 여러분이 모든 사회에서 일어나는 일들에 대해 사회를 비난하는 사람이라면, 여러분의 자녀들도 그렇게 될 가능성이 높다. 아이들은 부모님이 취하는 사회에 대한 태도로 자신을 방어하는 방법을 개발할 것이다. 대신에 아이들은 자신들의 이슈에 아이들 자신의 방식으로 접근해야 하며 오직 자신만이 미래에 대해 진정으로 책임이 있다는 것을 이해해야 한다. 문제 해결을 시도하기 전에 아이들의 작은 문제들까지 경청해주는 것도 좋은 방법이다.

문제를 평가하고 최종적으로 판단하는 과정에서 가능한 모든 선택 사항들을 검토해보고 결정을 내리는 것은 감정적으로 결정을 내린 후 발생하게 될 실수를 사전에 예방한다. 그리고 아이들이 스스로 내린 결정에 대한 손해를 최소화 할 수 있다는 것도 아이들에게 가르쳐

줄 필요가 있다.

자녀에게 정보의 자유를 허용하라.

건강한 가정의 가장 중요한 지표 중 하나는 다양한 생각과 감정을 표현할 수 있는 자유이다. 문제가 있는 가정에서는 구성원 각자 높은 수준의 비밀을 유지하게 되는데, 이는 왜곡된 믿음 체계로 해석될 수 있다. 예를 들어, 아이들이 부모의 음주 습관에 대해 말하는 것이 금지된다면, 이 아이들은 주위 세상에 대한 두려움과 좋지 않은 인식으로 성장할 가능성이 있다. 부모들이 아이들의 호기심을 이해하는 것은 중요하다. 왜냐하면 이것이 아이들이 배우는 방법 중 하나이기 때문이다. 질문을 할 때마다 정확한 정보를 제공함으로써 아이들에게 좋은 습관을 길러주어야 한다. 자녀들에게 갈등을 우호적으로 해결하고 책임감 있는 삶을 영위하는 데 도움이 될 최고의 양육을 제공하기 위해, 아이들과 자유롭게 소통하고 올바른 정보를 제공하도록 노력해야 한다.

아이를 존중하라.

아이를 존중하는 것은 아이들의 말을 듣고 아이들이 생각하고 느끼는 것이 큰 의미가 있다는 것을 보여주는 것을 수반한다. 그것은 아이들이 내리는 결정을 존중하고 아이들의 삶을 긍정적으로 향상시킬 건강한 선택을 하도록 돕는 것이다. 여러분의 아이가 말하고 행동하는 모든 것에 반드시 동의하는 것은 아니지만, 그것을 듣는 것은 여러분이 얼마나 아이들에게 관심을 가지고 있는지를 보여준다. 이것은 아이들에게 다른 사람들을 대할 때 그 사람들을 존중하는 방법을 알려줄 것이다. 다른 사람들에게 당신 아이의 자존감을 높이고 아이들이 혹시라도 받을 수 있는 파괴적인 비판을 피할 수도 있다. 그렇지 못하면 아이들의 자아상이 파괴될 수도 있기 때문이다. 자녀의 가장 좋은 행동을 강화하기 위해 아이들을 칭찬하고, 심지어 아이들은 작지만 옳은 행동에 대한 보상까지 해 주도록 노력해 보자.

아이들을 존중하는 마음으로 대하면, 아이들은 분명히 같은 미덕을 세상에 베풀 것이다. 그리고 주의 깊은 경청과 대화 같은 최고의 문제 해결 기술을 개발할 가능성이 높다.

합당한 규칙과 벌을 정하라.

아이들은 좋은 가치와 안정된 믿음 체계를 개발하기 위해 안전하고, 예측 가능하고, 공정한 환경이 필요하다. 자의적이고 일관성 없는 규칙이 있는 환경에서 아이들은 부모와 국가에 대한 불신을 키울 수 있다. 부모들은 아이들이 건강한 환경에서 배우고 성장할 수 있도록 합리적이고 일관된 규칙들을 갖추어야 한다.

만약 당신의 아이가 다양한 원칙에 대해 동의하지 않는 환경에서 자라게 된다면, 그 아이는 당신이 제공하는 환경에서 악영향을 받을 수 있다. 어떤 부모는 대화가 아이들을 양육하는 최고의 방법으로 믿는 반면, 다른 부모는 처벌이 최선이라고 고려한다. 그러면 처벌을 우선으로 생각하는 부모의 아이는 희생자가 되고 올바른 문제해결 기술을 개발하지 못할 수도 있다.

아이들과 충분한 시간을 보내라.

중요한 것은 시간의 양이 아니라 시간의 질이다. 부모들은 자녀들

마음이 건강한 아이가 행복하다

의 두려움과 부적절함을 발견하기 위해 자녀들과 양질의 시간을 보내는 법을 배워야 한다. 당신이 아이에게 관심 있는 활동을 할 때는 당신이 하는 일을 잠시 동안이라도 멈춰서 아이들에게 집중해 보자. 아이들과 연결되기 위해 당신의 생각을 지나치게 강조하지 말고 아이들의 생각과 의견으로 아이들에게 접근해 보자. 집에서 보내는 시간이 중요한 게 아니라 아이가 받을 수 있는 모든 관심을 주는 순간이 중요한다. 아이가 당신과 함께 무엇을 할 것인지 또는 게임을 할 것인지 제안해 보자. 이것은 아이를 안정되게 해줄 것이고 여러분이 아이들의 수준에서 참여함에 따라, 아이들은 삶에서 중요한 가치와 믿음 시스템을 배울 것이다.

형제, 자매의 경쟁 다루기

자녀가 특이한 행동을 보인다면, 아이들의 고민을 발견하고 도움을 주는 것이 부모로서의 책임이다. 극심한 불안, 분노, 고통, 스트레스와 같은 표현은 근본적으로 아이들에게 문제가 있다는 징후일 수 있다.

자녀의 정서적 욕구를 충족시키기 위해서는 부모로서 자녀에 대한 지나친 기대나 욕심을 버려야 한다. 아이들은 가족에게는 자신의 부끄러운 부분도 쉽게 표현할 수 있어야 한다. 아이가 밖에서 좋은 대접을 받지 못하더라도 가정에서는 아이들이 항상 소중한 존재로 인정받고 있다는 생각을 가질 수 있도록 아이들에게 인식시키는 것이 중요하다. 부모들은 아이들의 행복이 가장 중요하다는 것을 아이들에게 강조해야 한다.

아이의 삶은 부모와 가족을 중심으로 형성되게 되어 있다. 아이들이 중심이 되는 육아 스타일은 아이들의 미래 가치와 신념 체계를 규정할 수 있다. 이것이 부모들이 아이들이 정서적으로 건강하고 안정적으로 자라도록 하기 위해 꼭 받아 들이도록 노력해야 하는 이유이다.

가정 내에서 형제간의 갈등은 여러 가지 이유로 어쩔 수 없이 발생할 것이다. 하지만 그것이 부정적인 것으로 보여서는 안 된다. 사실, 형제간의 갈등은 아이들이 자라면서 많은 갈등들을 가능한 가장 좋은 방법으로 해결할 수 있는 기술을 가르칠 수 있는 기회이다. 이것은 가정 폭력의 많은 경우와 심지어 미래에 여러분의 자녀들, 다른 사람들, 그리고 소름끼치게 해로울 범죄까지 줄일 수 있다. 분쟁을 해결하기 위한 단계는 한 가지 방향으로 이루어지지 않는다.

충돌이 발생할 때마다 따라야 하는 4단계 과정을 소개한다. 네 가지 단계는 문제를 더 악화시키지 않으면서 이해하고, 함께 작업하고, 공통의 해결책을 찾는 것이다.

1. 이해

첫 번째로 이해의 단계는 중요하며 양 당사자의 권리, 요구, 그리고 감정을 다루기 때문에 매우 중요하다. 형제들은 아이들이 어떻게 느끼고 왜 그렇게 느끼는지 말할 수 있도록 격려를 받아야 한다. 이것은 또한 감정적으로 건강한 아이들을 키우는 데 아주 중요한 방법을 제공할 것이다. 아이들이 그 감정을 계속해서 되새기기 보다는 벗어나게 될 것이기 때문이다. 아이들은 또한 자신들이 느끼는 것에 대한 피드백을 받아 보는 것이 좋다. 예를 들어, 여러분은 아이들에게 그렇게 느끼는 것이 괜찮다고 말할 수 있지만 곧 해결책이 있을 것이

　　　　　　마음이 건강한 아이가 행복하다

다. 이해 단계의 마지막 단계는 아이들이 다른 형제들의 상황을 이해할 수 있도록 격려하는 것이다. 이것은 아이들이 다른 사람들에게 더 공감할 수 있도록 만들 것이다.

2. 문제를 더 악화시키지 마세요.

사람들을 넘어뜨리고, 소리를 지르고, 모욕하고, 소리치고, 싸우고, 때리고, 협박하는 등의 행동은 중단되어야 한다. 그리고 절대 권장해서도 안 된다. 그러한 행동은 신체적 혹은 정서적인 고통을 야기할 수 있고, 이러한 일들이 일어난다면 충돌은 점점 더 커질 수 있다.

3. 함께 작업하는 것

이 단계에서는 형제자매 각자가 "이런 저런 일이 생기면 기분이 안 좋다."는 등 자기 상황을 서로 이야기할 수 있어야 한다. 어떤 비난도 있어서는 안 되며, 말을 할 때 차례차례 해야 한다. 필요한 경우 각 자녀가 대화할 수 있는 특정 시간 프레임을 설정한다. 필요하다면 각자 자신이 느끼는 것을 적어서 상대방에게 보여주도록 한다. 적극적인 경청과 방해하지 않는 것이 필요하다. 적극적인 경청은 상대방에게 귀 기울여 듣고 있는 것을 보여줘 상대방을 존중하고 있다는 감정을 가지게 한다. 형제간의 라이벌로 인한 상처를 치유하는 데는 시간이 걸리지만, 인내심과 적절한 의사소통 기술로 갈등의 해결이 일어날 수 있다는 것을 기억하라. 형제자매 사이는 피를 나눈 가족임을 명심하라. 모든 갈등을 해결할 수 있다. 서로 마음을 열고 대화를 할 수만 있다면.

4. 공통의 해결책을 찾는다.

브레인스토밍은 해결책을 찾는 첫 단계이다. 당신과 아이들은 이 갈등을 해결할 방법을 찾기 위해 서로의 의견을 가감 없이 나누어야 한다. 더 많은 해결책을 생각해 낼수록 더 좋다. 상대방의 해결책은 가치가 없거나 어리석다고 말하지 마라. 모두 타당하다. 또한 다른 사람에게 전화를 걸어 더 많은 아이디어를 브레인스토밍 하는 것을 도울 수 있다. 만약 여러분이 한 사람의 요구를 다른 사람의 거부감이 없이 충족시키는 해결책을 찾는다면, 완벽하다! 그렇지 않은 경우, 전체 프로세스를 다시 수행하거나, 다른 형제자매에게 가장 적은 거부감을 주는 옵션을 선택할 수 있다. 또한 누군가의 선의의 양보를 사용할 수 있다. 예를 들어, 이 문제에서 누군가가 '이겼고' 다른 사람이 '졌다'고 한다면, 양보는 다른 사람이 발생하기 전에 다른 사람이 말할 수 있도록 약간 더 선호도를 가질 것이다.

이 모든 과정은 일반적으로 가족 및 형제 간의 갈등을 해결할 때 매우 유용하다. 하지만, 이것이 좋은 방법이 아닐 수도 있기 때문에 마지막에 항상 모두가 행복한 결과를 기대하지는 말라. 현실 세계에는 승자와 패자가 있을 수 있고, 때로는 한 형제자매가 항상 자신이 원하는 것을 가질 수 없다는 것을 받아들여야 할 것이다. 이것은 부모들이 공정하려고 노력할 때 특히 더 자주 발생할 수 있다.(즉, 수지는 이번 주에 영화를 고르고, 바비는 다음 주에 영화를 고른다. 그것이 공평하기 때문이다.) 결론에 도달한 후에 서로가 결과에 대한 평가를 하고, 결과를 인정하는 과정을 거치는 것은 장기적으로 긍정적인 일이 될 수 있다. 왜냐하면 그것은 자녀들에게 아이들이 항상 원하는 것을 얻을 수 없

마음이 건강한 아이가 행복하다

고, 다른 사람들에게 친절을 베풀어야 한다는 것을 가르쳐줄 것이기 때문이다. 이러한 기술을 점점 더 연습하게 되면, 아이들은 제2의 천성이 되고 여러분의 자녀들은 이전보다 더 효과적으로 문제를 해결할 수 있게 될 것이다.

집 밖에서 갈등이 생겼을 때

학교에서 일어나든, 지역 공원에서 일어나든, 아이들 사이의 갈등은 성장하는데 있어서 피할 수 없는 부분이다. 여러 논문들은 한 아이가 다른 아이에게 이름이 이상하다고 놀리는 것과 같은 사소한 일들에서도 갈등이 촉발될 수 있다고 언급한다. 하지만, 부모들은 아이들 사이의 갈등이 복잡한 이슈를 가지고 있다는 것을 항상 인식해야 한다. 자신의 아이들 말만 믿고 문제를 왜곡해서 판단해서는 안 된다. 이름이 이상하다고 놀리는 경우는 상대편이 심리적으로 상처를 받고 끝날 수도 있지만 육체적, 물질적으로 더 큰 문제를 야기하는 갈등이 있을 수 있다는 점을 항상 인지해야 한다.

아이들에게 발생하는 상황은 어떤 때는 순식간에 해결될 수 있다. 하지만, 때로는 갈등이 점점 더 커져서 괴롭힘과 싸움으로 이어지는 악순환으로 진전될 수도 있다. 이것들은 아이들의 정서적, 정신적 건강에 피해를 줄 수 있다. 이런 일이 일어날 때, 아이들은 성장을 방해할 수 있는 습관과 두려움을 키울 수도 있다. 건강한 아이를 양육하기 위해서 부모들은 아이들이 다른 아이들과 싸우고 있거나 학교에서 괴롭힘을 당하고 있다는 징후를 항상 경계해야 한다. 같은 맥락에서, 부모들은 또한 자녀들이 다른 아이들을 괴롭히고 있다는 징후에도 관심을 가져야 한다. 정서적으로 건강한 아이들을 기르는 것은 모든 사람들이 서로 친절하고 공정하고, 어떤 이유에서든 자신의 외모, 키, 몸무게, 옷 또는 소유물을 포함하여 아무도 나쁜 대우를 받지 않는 환경에서 자라도록 하는 것을 포함한다. 하지만 앞서 언급했듯이, 불행한 현실은 갈등이 발생하고 때로는 부모들에게 아주 잘 숨겨져 있는 경우도 많다. 그러므로 아이들이 갈등을 해결하는 방법에 대한 기술을 개발하도록 돕는 것은 모든 부모의 중요한 책임이다. 아래는 어린이들 사이의 괴롭힘과 싸움을 해결하는데 가장 효과적인 방법들에 대한 설명이다.

1. 아이들이 반응하기 전에 생각하도록 장려한다.

이것은 종종 '정지 전 반응'기술이라고 불린다. 아이들은 갈등이 발생하면 둘 다 양보하지 않고, 그 갈등이 다른 일에 큰 영향을 줄 수 있다는 생각이 없이 자기주장을 강조하는 경우가 많다. 따라서 아이들 사이의 갈등은 보통 일어나면 증폭되지 축소되는 경우는 드물다. 부모는 갈등을 일으킨 아이들을 분리시켜 놓고 무슨 일이 일어났고, 아이들의 행동이 어떤 영향을 미치는지에 대해 아이들에게 설명할 필요가 있다. 이것은 질문과 응답 과정을 통해 변화시킬 수 있다. 그 과정에서는 아이가 왜 그랬는지, 혹은 왜 어떤 식으로 반응했는지를 물어보자. 후속 질문은 자녀의 행동이 상대방에 미치는 영향에 초점을 서서히 맞춰 보자. 그 목표는 아이들이 다른 사람들과 싸워서 아무것도 이루지 못한다는 것을 이해시키는데 많은 도움이 될 것이다.

마음이 건강한 아이가 행복하다

2. 분쟁에 처한 두 아이가 부모의 지도 하에 서로 대화하게 한다.

이 설정에는 몇 가지 이점이 있다. 부모들의 감독 하에, 아이들은 그 문제에 대한 아이들의 감정을 즉시 토론하도록 격려될 것이다. 아이들은 자신들이 한 것과 서로에게 기대했던 것이 무엇이었는지 설명할 수 있게 된다. 이러한 혼란은 부모들이 자녀들에게 싸움과 괴롭힘 외에 다른 수단을 통해 갈등을 해결하는 것의 중요성을 깊이 연구할 수 있는 더 많은 방법을 열어줄 수 있을 것이다. 때로는 아이들과 부모님들 사이에 대화가 한번으로 충분하지 않을 수도 있다. 필요하다면 두 번째 대화나 세 번째 대화가 계획되어 있어야 한다. 이 대화는 최상의 결과를 얻기 위해, 그리고 다른 어린이들에게 좋은 본보기를 보여주기 위해 학교에서 이루어져야 할 때도 있다.

3. 어떤 종류의 괴롭힘에 관해서든, 아이들은 괴롭힘에 대응할 뿐만 아니라 반응하는 법을 배워야 한다.

괴롭힘을 아이들이 망설임 없이 할 수 있는 주요 이유 중 하나는 피해자들이 대개 신고를 하지 않는다는 점 때문이다. 불량배가 자신의 행동에 대해 질책을 받지 않을 때, 그는 자신의 잘못을 인지하지 못하고, 또한 징계를 받지 않을 것이라는 착각을 하게 되는 경우가 많다. 그런 잘못된 생각 때문에 그가 다른 아이들을 계속 괴롭힐 수 있다는 것이다. 아무런 죄책감 없이 말이다. 불량배들을 신고하는 것은 그들이 자신들의 행동을 적어도 멈추게 하거나 최소한 그것을 다시 하기 전에 두 번 생각하게 할 것이다. 부모들은 자녀들에게 동급생이나 놀이 친구가 괴롭힐 때 학교 행정부에 보고하고, 집에 오면 부모에게 보고해야 한다고 가르쳐야 한다. 학교 내 괴롭힘을 방지하기 위해서는 학교의 노력이 절대적으로 필요하다.

4. 일부 학교들은 괴롭힘 사건을 익명으로 신고하는 온라인 도구를 가지고 있다.

아이들을 놀리거나 어떤 식으로든 괴롭히는 사람들을 무시하는 방법을 아이들에게 보여주자. 불량배들이 아이들을 괴롭히는 주된 이유 중 하나는 피해자들로부터 반응을 일으키기 위해서이다. 아이들은 희생자들이 울거나 아이들의 해로운 말에 순종할 때 만족을 느끼고 자신의 행동을 발전시키는 경우가 많다. 피해를 받는 아이들의 반응이 크면 클수록 불량배들은 더 많은 희생자들을 찾아가서 더 격한 행동을 보일 때가 많다. 아이들은 간단한 괴롭힘을 무시함으로써 불량배들의 악순환을 멈추게 할 수도 있다. 물론 당하는 아이들에게 절대 쉬운 일을 아닐 것이다.

만약 한 아이가 지속적으로 괴롭힘을 무시한다면, 그 괴롭힘은 아마도 불량배가 원하는 반응을 얻지 못하기 때문에 괴롭히는 것을 멈추게 될 수도 있다. 하지만, 육체적으로 괴롭히는 행위는 아무리 작은 행동이라 하더라도 피해를 받는 아이들의 상처가 오랜 동안 지속되거나, 아이들의 정서적인 발달에 큰 영향을 주기 때문에 어떤 일이 있어도 알려져서 제재를 받게 해야 한다. 만약 육체적인 폭행이나 괴롭힘이 아니라 간단한 놀림이라도 오랫동안 지속된다면 반드시 밖으로 알려서 제재를 가해야 한다. 어떤 아이도 끊임없는 학대로 고통받아서는 안 된다.

마음이 건강한 아이가 행복하다

5. 아이들의 관심사나 취미를 공유하여 흥미로운 일을 하도록 격려함으로써 아이들을 바쁘게 유지시켜라.

이것은 따돌림이나 분쟁에 직접적인 영향을 주지 않는 것 같지만, 실제로 매우 도움이 될 수 있다. 괴롭힘은 보통 항상 혼자 있거나 그룹에 속하지 않는 아이들을 대상으로 하는 경우가 많다. 불량배들은 약하다고 생각하는 아이들을 타깃으로 잡아 괴롭히는 경우가 많다. 이럴 때 아이가 약하더라도 작은 소그룹이 있거나, 같이 다니는 친구들이 있다면 타깃에서 제외될 가능성이 높다. 부모들이 자녀들을 소그룹이나 클럽에 참여하게 하면, 아이들은 소속감과 동반자를 만들어 스스로 더 많은 보호를 받을 수 있다. 아이들은 혼자가 아니라고 느끼고 같은 그룹 친구들을 통해 서로 서로를 보호할 수 있다는 생각을 가지게 된다. 아이들은 사람들과 어울릴 수 있을 뿐만 아니라, 아이들 스스로를 위해 일어설 수 있는 자신감을 가질 것이다. 그리고 방과후 활동은 괴롭힘을 가할 가능성이 있는 아이들을 바쁘게 하여 상대적으로 다른 아이들을 괴롭힐 시간을 빼앗기도 한다.

6. 아이들은 항상 옳은 일을 하도록 장려한다.

아이들에게 학교에서나 어디서나 괴롭힘에 대해서 대응하는 가장 좋은 방법은 가능한 상황을 적게 만들거나, 상황이 되면 맞서지 말고 피하는 것이다. 항상 아이들에게 친절함이나 동정심을 가지고 행동하도록 가르친다.

항상 아이들에게 모든 사안에 대해 긍정적인 마인드로 접하고, 불만이 많은 아이들 보다는 만족하고 감사할 줄 아는 아이들과 만나도록 강조해 보자. 물론 쉬운 일을 아니지만요. 그리고 아이들에게 육체적으로나 정신적으로 괴롭힘을 당했을 때 또는 아이들이 싸움에 말려들었을 때 대화할 사람을 찾는 것은 좋은 방법임을 상기시켜주자. 아이들에게 학교에서의 문제에 대해 선생님이나 부모님께 말하는 것은 언제나 가장 현명한 방법이고, 최선의 결과를 내는 방법임을 끊임없이 강조를 하자.

결론적으로 어떤 아이도 불량배의 손이나 말에서 고통을 받아서는 안 된다. 우리 아이들이 일어날 수 있는 갈등을 다루는 법을 배우도록 돕는 것은 아이들의 전반적인 정서적 건강을 위해 분명히 필요하다. 아이들은 문제가 발생할 때 목소리를 높여 어른에게 말할 권리가 있다는 것을 상기시켜야만 한다. 그리고 아이들이 할 수 있다면 아이들 스스로 갈등을 다룰 수 있는 방법도 가르쳐 주어야 한다.

아이들이 집단 괴롭힘에서 하는 역할

괴롭힘을 당하거나, 괴롭힘을 목격하거나 하는 상황에서 아이들이 할 수 있는 많은 역할들이 있다. 아이들은 다른 사람들을 괴롭힐 수도 있고, 괴롭힘을 당할 수도 있고, 괴롭힘을 목격할 수도 있다. 아이들이 괴롭힘을 당하면, 종종 두 가지 이상의 역할을 한다. 때때로 아이들은 둘 다 괴롭힘을 당하거나 다른 아이들을 괴롭히는 것을 목격할 수도 있다. 괴롭힘을 효과적으로 예방하고 대응하기 위해 아이들이 하는 다양한 역할을 이해하는 것이 중요하다.

아이들에게 딱지를 붙이지 않는 것의 중요성
괴롭힘 상황을 언급할 때, 다른 사람들을 괴롭히는 아이들을 '불

마음이 건강한 아이가 행복하다

량배'라고 부르거나 '희생자'를 목표로 삼는 아이들을 지칭하는 것은 쉽다. 하지만 이것은 의도하지 않은 결과를 초래할 수 있다.

아이들이 '불량배' 또는 '희생자'로 분류될 때는
1. 아이의 행동이 바뀔 수 없다는 메시지를 보내는 것이다.
2. 아이들이 무관심한 괴롭힘 상황을 연기할 수 있는 여러 역할을 인식하지 못한다.
3. 또래 영향력이나 학교 풍토 등 행동에 기여하는 다른 요인은 무시될 수 있다. 관련된 아이들에게 라벨을 붙이지 말고 행동에 집중하자.

괴롭힘에 연루된 아이들

아이들이 집단 따돌림에서 하는 역할은 다른 사람들을 괴롭히는 것에만 국한되지 않는다. 그리고 괴롭힘을 당하는 사람들, 일부 연구자들은 '왕따'에 대해 이야기한다. 집단 따돌림에 직접적으로 관여하는 사람들과 그 행동을 수동적으로 도와주거나 방어하는 사람들을 정의하는 것이다. 직접적인 역할은 다음과 같다.

1. **괴롭히는 아이들** | 이 아이들은 또래들을 괴롭히는 행동을 한다. 행동에는 아이가 관여하는 데 기여할 수 있는 많은 위험 요소들이 있다. 종종, 이 학생들은 아이들의 행동을 바꾸고 아이들의 행동에 영향을 줄 수 있는 다른 문제들을 해결하기 위해 외부 기관의 지원을 요구할 수도 있다.

2. 괴롭힘을 당하는 아이들 | 이 아이들은 왕따 행위의 대상이다. 어떤 요인들은 아이들을 더 괴롭힐 위험에 처하게 하지만, 이러한 특성을 가진 모든 아이들이 괴롭힘을 당하지는 않을 것이다. 때때로, 이 아이들은 괴롭힘에 대응하는 방법을 배우는 데 도움이 필요할지도 모른다.

비록 아이가 괴롭힘에 직접적으로 관여하지 않더라도, 아이들은 행동에 기여하고 있을 수 있다. 이런 행동을 목격하고 아무런 조치를 취하지 않는 것도 간접적인 괴롭힘이 될 수 있다. 그래서 아이들이 괴롭힘이 일어나는 것을 볼 때 무엇을 해야 하는지를 배우는 것은 중요하다. 아이들이 괴롭힘을 목격할 때 하는 역할은 다음과 같다.

1. 도움을 주는 아이들 | 이 아이들은 괴롭힘을 시작하거나 괴롭힘 행동을 유도하는 것이 아니라 괴롭힘을 당하는 아이들에게 '보조자' 역할을 한다. 이 아이들은 괴롭힘 행동을 장려하고 때때로 동참할 수도 있다.

2. 부추기는 아이들 | 이 아이들은 왕따 행위에 직접적으로 관여하지는 않지만 왕따에 관심을 주어 왕따를 장려하는 역할을 한다. 이 아이들은 자주 웃거나 관여하고 있는 아이들을 부추길 것이다.

3. 외부인 | 이 아이들은 괴롭힘 상황과 별개다. 아이들은 괴롭힘 행동을 강화하지도 않고 괴롭힘을 당하는 아이를 옹호하지도 않는다. 어떤 사람들은 무슨 일이 일어나고 있는지 볼 수도 있지만, 아이들이 누구 편이라는 것을 보여주기 위해 상황에 대한 피드백을 제공하지 않는다. 그렇더라도, 청중에게 제공하는 것은 왕따 행위

마음이 건강한 아이가 행복하다

를 부추길 수도 있다.

이 아이들은 돕고 싶어 하는 경우가 많지만, 방법은 모른다. '관람자 이상'이 되는 방법을 배워야 한다.

4. 방어하는 아이들 | 이 아이들은 왕따를 당하는 아이를 적극적으로 위로하고, 폭풍이 일어날 때 아이의 방어를 위해 올 수도 있다.

대부분의 아이들은 시간이 지남에 따라 괴롭힘에서 한 가지 이상의 역할을 한다. 어떤 경우에는 다른 사람을 괴롭히거나 괴롭힘을 당하는 것처럼 직접적으로 관여할 수 있고, 어떤 경우에는 괴롭힘을 목격하고 도움을 주거나 방어하는 역할을 할 수 있다. 모든 상황은 다르다. 어떤 아이들은 괴롭힘을 당하기도 하고 다른 아이들을 괴롭히기도 한다. 다음과 같은 이유로 아이들이 하는 여러 가지 역할에 유념하는 것이 중요하다.

1. 괴롭힘을 당하거나 남을 괴롭히는 사람들은 우울증이나 자살과 같은 부정적인 결과에 더 많이 노출될 수 있다.
2. 직접 관련이 있는 것으로 알려진 아이들만이 아닌 모든 아이들을 예방 활동에 참여시킬 필요가 있음을 강조한다.

괴롭힘에 대해 대화하는 방법

부모, 학교 직원, 그리고 다른 배려심 있는 어른들이 왕따를 예방하는 역할을 할 수 있다. 아이들이 왕따를 이해하도록 도와라. 괴롭힘이 무엇인지, 어떻게 하면 안전하게 대항할 수 있는지에 대해 이야기해 보라. 아이들에게 괴롭힘은 용납될 수 없다고 말해라. 아이들이 어떻게 도움을 받을 수 있는지 확실히 하라.

1. 연락망을 열어 둔다. 아이들과 자주 대화하면서 상황을 체크하라. 아이들의 말을 들어라. 아이들의 친구들을 알고, 학교에 대해 묻고, 아이들의 걱정을 이해하라.
2. 아이들이 좋아하는 일을 하도록 격려한다. 특별한 활동, 흥미, 그리고 취미가 자신감을 북돋우고, 아이들이 친구를 사귈 수 있도록 돕고, 괴롭힘 행동으로부터 아이들을 보호할 수 있다.
3. 친절과 존경을 가지고 타인을 대하는 방법을 가르치기에 힘쓴다.

아이들이 왕따를 이해하도록 도와라.

괴롭힘이 무엇인지 아는 아이들은 괴롭힘의 정체를 더 잘 파악할 수 있다. 만약 자신이 아닌 다른 사람들에게 일어난다면 괴롭힘에 관해 안전하게 대처할 수 있는 방법을 알아야 한다.

괴롭힘에서 벗어나고 도움을 받는 방법은 다음과 같다.
1. 아이들이 괴롭힘을 당하거나 다른 사람들이 괴롭힘을 당하는 것을 보면 신뢰할 수 있는 어른에게 말하도록 권장한다. 어른은 문

마음이 건강한 아이가 행복하다

제를 직접 해결하지 못하더라도 위로와 응원과 조언을 해줄 수 있다. 만약 왕따가 일어난다면, 그 아이에게 왕따를 신고하도록 권장하라.

2. 괴롭히는 아이들을 어떻게 대해야 하는지에 대해 이야기하라. 유머를 사용하고 직접적이고 자신 있게 '그만해!'라고 말하는 것과 같은 요령을 알려준다. 만약 그 행동들이 효과가 없으면 어떻게 해야 할지, 그냥 가버리면 된다고 말해주자.

3. 어른이나 다른 아이들의 그룹 근처에 머무르는 것과 같이 안전하게 지내기 위한 전략에 대해 이야기하라.

4. 친절함을 보여주거나 도움을 받아 괴롭힘을 당하는 아이들을 돕도록 촉구한다.

5. 괴롭힘 방지 프로그램을 같이 보고 아이들과 토론한다.

소통 라인을 열어 둔다.

연구는 아이들이 어려운 결정에 대한 조언과 도움을 얻기 위해 부모님 또는 법정대리인을 가장 신중하게 고려한다고 한다. 매일 같이 짧은 시간이라도 아이들과 대화를 하는 시간을 갖고 사소한 주제라도 하루에 대화를 하는 것은, 아이들이 문제가 생기면 부모님과 대화할 수 있다는 믿음을 줄 수 있다. 다음과 같은 질문을 통해 아이들의 일상과 감정에 대한 대화를 시작해 보자.

1. 오늘 있었던 일 중에 재미있었던 일 하나 이야기해 볼래? 나쁜 일이 있었어?

2. 너희 학교는 점심시간이 어떻게 되니? 누구랑 앉니? 무슨 이야기

를 주로 하는 거야?

3. 스쿨버스에서 친구들은 주로 뭐하니?

4. 네가 가장 좋아하는 과목은 뭐니?

5. 가장 싫어하는 선생님은 누구니?

괴롭힘에 대해 직접적으로 이야기하는 것은 그 문제가 아이들에게 어떤 영향을 미칠지 이해하는 중요한 단계이다. 이 질문들에 대한 옳고 그름의 답은 없지만, 아이들이 정직하게 답하도록 격려하는 것이 중요하다. 아이들에게 발생하는 모든 문제를 해결하는 데 혼자가 아니라는 것을 느끼고 확신을 갖게 해야 한다. 괴롭힘에 대한 대화를 다음과 같은 질문으로 시작해 보자.

1. '왕따'는 너에게 어떤 의미니?

2. 괴롭히는 아이들이 어떤 사람인지 말해볼래. 너는 왜 사람들이 괴롭힌다고 생각하니?

3. 왕따 같은 것에 대해서 이야기 할 수 있는 가장 신뢰하는 어른은 누구니?

4. 왕따가 두려워서 학교에 가는 것이 싫었던 적이 있니? 어떤 방법으로 바꾸려고 시도해 본 적이 있니?

5. 부모들이 왕따를 멈추게 하기 위해 무엇을 할 수 있다고 생각하니?

6. 너나 네 친구들이 일부러 다른 아이들을 따돌린 적이 있니? 너는 그것이 왕따였다고 생각하니?

7. 왕따가 진행되는 것을 보면 너는 어떻게 대처하니?

8. 너희 학교 아이들이 다른 아이들에게 괴롭힘을 당하는 것을 본 적이 있니? 보면 그 때 기분이 어땠니?

마음이 건강한 아이가 행복하다

9. 왕따를 당하고 있는 사람을 도우려 한 적이 있니? 만약 또 그런 일
   이 생긴다면 어떻게 하겠니?

아이들의 생활과 왕따에 대해 대화할 수 있는 더 많은 아이디어를
얻도록 노력해보자. 우려가 조금이라도 생기면 초기에 반드시 대응
해야 한다.

부모와 아이들 주위 사람들이 아이들의 삶을 최상의 상태로 유지
할 수 있는 간단한 방법들을 이야기 해보도록 하겠다.

1. 학교 뉴스레터와 학교 소식지를 읽는다. 아이들에 대해 집에서 학
   교 이야기를 많이 나눈다.
2. 학교 웹사이트를 보고 학교 활동들을 파악해 본다.
3. 학교 행사에 가능하면 참여한다.
4. 스쿨버스 운전기사에게 인사한다.
5. 학교에서 주최하는 학부모 모임에 참여하여 선생님과 상담원을
   만나거나 이메일로 연락을 취한다.
6. 다른 아이들의 부모와 전화번호를 공유하고, 학부모 모임에 적극
   참여한다.
7. 교사와 학교 직원들의 연락처를 파악해 둔다.

아이들이 좋아하는 것을 하도록 장려하기

아이들이 좋아하는 활동, 관심사, 취미에 참여할 수 있도록 돕는
다. 아이들은 자원봉사를 하거나, 스포츠를 하거나, 합창으로 노래를

부르거나, 청소년 단체나 학교 클럽에 가입할 수 있도록 장려한다. 이러한 활동들은 아이들에게 즐거움을 주고 같은 관심사를 가진 다른 사람들을 만날 수 있는 기회를 준다. 아이들은 서로 깊은 유대관계를 통해 괴롭힘으로부터 서로 보호하는 데 도움이 될 수 있다는 자신감과 우정을 쌓을 수 있다.

친절과 존경을 가지고 다른 사람을 대하는 방법을 모델링.

아이들은 어른들의 행동에서 배운다. 다른 사람들을 친절과 존경으로 대함으로써, 어른들은 아이들의 삶에서 그들에게 괴롭힘을 주는 곳이 없다는 것을 보여준다. 아이들이 부모의 행동에 아무런 주의를 기울이지 않는 것 같아도 아이들은 어른들이 스트레스와 갈등을 어떻게 관리하는지, 친구나 동료, 가족을 어떻게 대하는지 지켜보고 있다.

● 요약

1. 갈등 해결의 큰 요인은 누가 갈등을 일으키던 간에 서로 의사소통이다. 부모가 싸우든, 형제자매가 싸우든, 심지어 잘 지내지 못하는 또래든 아이들은 스펀지처럼 모든 것을 흡수한다. 그러므로 아이들에게는 가능한 한 빨리 건강한 방식으로 갈등을 처리하는 방법을 가르쳐야 한다.

2. 부모와 자녀들은 긍정적인 역할 모델로서 행동하여 아이들이 다른 사람들과 어떻게 상호작용하는지에 대한 좋은 예를 지속적으로 제공하도록 노력해야 한다.

3. 형제자매가 의견이 다를 때가 항상 나쁜 것은 아니지만, 지나칠 수 있다. 부모들은 아이들에게 타협에 대해 가르쳐야 하고, 다른 사람들의 감

정을 돌보고, 모든 문제에 대한 최선의 해결책을 찾기 위해 함께 노력해야 한다.

4. 가정 밖에서 갈등이 생길 수 있고, 아이가 마주칠 수 있는 가장 답답한 갈등은 불량배와의 갈등일 수도 있다. 아이들은 괴롭히는 사람들을 다루는 법, 나쁜 아이들을 무시하는 법을 배울 필요가 있다. 하지만 아이들은 항상 어른들에게 무슨 일이 일어나고 있는지 말할 수 있도록 권장되도록 해야 한다. 어떤 아이도 괴롭힘을 당해서는 안 되며, 어떤 아이도 침묵 속에서 고통을 받아서는 안 된다는 것을 아이들 모두 알아야 한다.

chapter
04

왜 부모가
아이들에게 책을
읽어줘야 할까?

부모로서 우리가 할 수 있는 가장 중요한 일 중 하나는, 적어도 우리 아이들의 교육을 장려한다는 측면에서, 아이들에게 독서를 권장하는 것이다. 독서는 성인으로서 우리에게 중요한 영향을 미칠 수 있는 교육의 요소이다.

그러므로 아이들에게 더 빨리 독서에 흥미를 가질 수 있도록 해야 하고, 책 종류를 구별하지 말고 가능한 많은 책을 보게 하면 좋다.

독해력의 문제

기업은 기본적인 기술이 필요한 일자리를 채우기 위해 자주 애쓰는 반면, 현재 미국 아이들의 읽고 쓰는 능력은 사상 최저 수준이다. 미국 교육부 지역전문 인력개발센터에 따르면 캘리포니아에서는 전체 성인의 절반 이상이 독서를 능숙하게 하지 못하고 있으며, 615만 명(5명 중 거의 1명)이 고등학교 졸업장이나 그에 상응하는 학력을 얻지 못하고 있다. 이러한 결과로 인한 사회에 대한 비용은 어마어마하다.

경제 차원에서는 읽기 능력 향상에 비용을 투자하는 것은 높은 국가적 수익을 얻을 수 있다. 글을 읽고 쓰는 노동력은 더 많은 사업체를 생산력 향상, 고용 안정 강화, 임금 인상, 소비자 지출과 세수 증가, 교정 가격 인하, 그리고 사회 서비스의 유출 감소로 이끈다. 글을 쓰는 것은 가장 근본적인 고용 가능한 기술이며, 경제 발전과 생활임금 직업의 근본적인 요소다.

개인적으로는 읽기와 쓰기에 능한 부모는 자녀의 학교 교육을 지원할 수 있는 더 좋은 상황을 만들 수 있고, 독서는 아이들의 마음을 자극하고 성장시키는 데 도움이 된다. 읽고 쓰는 능력이 뛰어난 어른들은 더 즐겁고 더 건강한 정신상태에서 살고 더 나은 삶의 질을 누리는 경향이 있다.

독서는 자녀의 성적에 영향을 준다.

아이들이 독서를 통해 얻는 것은 독서 성취, 읽고 쓰는 능력 향상, 언어 발달과 관련이 있는 것으로 밝혀졌다. 게다가 아이들에게 독서는 스스로 책을 읽도록 자극하고 인지 능력을 더욱 발달시킨다.

인지 능력은 고정된 것이 아니라, 학교에서의 교육 투자, 유치원 교육, 부모의 도움을 통해 영향을 받을 수 있다. 부모의 인지능력 향상에 대한 투자는 건강한 아이를 키우는데 많은 영향을 주어 아이들의 유년기 성장에 많은 도움을 준다. 관련 연구에서는 자녀의 읽기 능력, 언어 능력 및 인지 성장뿐만 아니라 자녀에게 읽어주는 부모들에게 정서적으로 긍정적인 영향을 준다고 밝혀졌다.

어린 나이에 더 자주 책을 읽는 아이들은 더 많은 어휘와 더 발달된 이해력을 가지고 학교에 입학한다. 연구 결과, 어린이들에게 동화책을 읽어주는 것이 궁극적인 독서 성공에 필요한 지식을 습득하기 위한 주요 과제 중 하나라고 밝혀졌다.

호주 멜버른대 유아교육발달부에 따르면 어린 나이에 아이들에게 책을 읽어주는 빈도는 가정환경에 관계없이 교육적 결과에 직접적인 인과관계를 갖는다고 한다. 그리고 어린이에 대한 독서가 나중에 아이들의 읽기 능력과 다른 능력에 미치는 영향에 대한 연구를 마친 후 다음과 같은 결론을 도출한다.

"매일 4~5세의 어린이들에게 독서를 하도록 하는 것은 아이들의 성장기에 아이들의 읽기 능력과 인지 능력(즉, 언어와 읽고 쓰는 능력, 숫자와 인지 능력)에 매우 긍정적인 영향을 미친다."

아이들은 자신과 같은 그룹의 아이들과 비교하는 시험에서 더 높은 점수를 얻기 위해 더 자주 더 많은 책을 읽는다.

집 안에 다양한 독서 자료를 보관하는 일이 잦을수록 수험생의 독서 능력이 높아진다. 교육 시험 기관은 집에서 더 많은 독서를 하는 학생들은 나이가 들수록 더 많은 독서를 하고, 대학입학시험에서 더 높은 점수를 받는다고 보고했다.

독서 책을 살 여유가 없는가? 아이들이 할 수 있는 모든 것을 읽도록 격려하라. 신문, 전단지, 광고판, 광고, 대기실 잡지 등… 여러분이 할 수 있는 또 다른 방법은 그것들을 도서관에 가져가서 많은 양의 독서 자료를 빌리는 것이다. 자료를 어떻게 구하든 중요한 것은 자주 읽게 하는 것이다.

마음이 건강한 아이가 행복하다

독서의 중요성

많은 부모들은 매일 밤 아이들에게 이야기를 읽어준다. 매일 잠잘 때 나오는 간단한 이야기와 관련된 이점은 끝이 없어 보인다. 아래는 단지 그것들 중 일부일 뿐이다.

기본적인 글쓰기 및 읽기 능력을 가르친다.

아이들에게 책을 읽어 줄 때, 아이들은 한 번에 많은 것들을 받아들인다. 노련한 독자들이 당연하게 여길지도 모르는 것들이 인생 첫 2년 동안 이야기를 들으며 소개되고 있다. 아이들은 책을 쥐는 적절한 방법, 페이지를 왼쪽에서 오른쪽으로 돌리는 방법, 그리고 책을 읽으면서 누군가를 관찰하는 것만으로 페이지에 집중할 수 있는 방법을 배우기 시작한다.

독자가 되기 전에, 아이들은 또한 책에는 단어와 이미지가 포함되어 있고 어떤 경우에는 심지어 어떤 단어나 글자가 어떻게 생겼는지도 인식하기 시작할 수 있다는 것을 깨닫는다. 아이들은 인쇄된 텍스트가 왼쪽에서 오른쪽으로 그리고 위에서 아래로 읽혀진다는 것을 이해하기 시작하는데, 이것은 또한 아이들이 글 쓰는 법을 배우기 시작할 때를 대비한다. 유치원이 끝날 때쯤이면 아이들이 쉬운 단어의 원문을 읽고 있을 것으로 예상하고 있으며, 이러한 기본기를 갖추게 됨으로써 아이들이 원서를 읽을 수 있게 될 것으로 기대된다.

성공을 향해 많은 책을 읽게 하는 것은 무엇보다 중요하다.

필수적인 듣기 기술을 가르친다.

어떤 아이들은 주제 없이 횡설수설하는 사람의 말을 들을 만큼 오래 앉아 있을 수 있는 기술이 없다. 어떤 아이들은 학습 장애로 인해 어려움을 겪을 수도 있지만, 종종 이야기 전체를 위해 가만히 앉아 있지 않는 아이들은 어떤 이야기 시간이 필요한지에 대한 통찰력이 부족할 수도 있다. 집에서 이야기 시간을 매일매일 즐겁고 흥미진진하게 만드는 것은 아이들이 학교에서 이야기 시간에 흥미를 갖게 할 수 있도록 도와줄 수 있고, 이것은 또한 행동 장애문제를 예방할 수도 있다.

어휘와 언어 능력을 장려한다.

아이들이 많은 책으로부터 듣는 새로운 단어들을 생각해 보라. 우리의 일상적인 대화들은 복잡한 언어나 어휘를 사용하지 않아 아이의 언어의 성장에 크게 도움이 되지 않는 경우가 많다. 어린이에게 책을 읽는 것은 특히 소설이 아닌 과학도서, 전기문, 다큐멘터리 같은 책을 읽을 때 많은 새로운 단어들을 습득하는데 도움이 된다. 아동문학과 같은 책들은 아이들에게도 훌륭한 언어 모델을 제공한다. 그 말을 들으며 몇 번이고 반복해서 발음하는 것은 아이들의 언어 발달에 도움을 줄 수 있다.

독서에 대한 사랑하는 마음을 심어 주자.

아이들이 독서를 즐기도록 하는 것은 자녀들이 학습에 흥미를 갖도록 하기 위해 부모님들이 해 줄 수 있는 최고의 선물 중 하나이다. 아이들은 학교에서 읽기 능력을 배우지만, 아이들은 읽기와 행복이

마음이 건강한 아이가 행복하다

연결된다는 것을 깨우치기에는 학교 교육이 충분하지 않다. 이 때문에 독서에 대한 열의가 없어져 학업과 학습 과정에 영향을 미칠 수 있다. 우리는 책을 읽으면서 우리 아이들이 행복하기를 원하기 때문에, 우리는 집에 있는 동안 그것을 재미와 연관시켜야 한다.

부모와 자녀간의 유대감을 높인다.

큰 소리로 책을 읽어주면 부모들이 자녀들과 유대감을 가질 수 있는 특정한 시간도 만들 수 있다. 잠잘 때 아이들에게 책을 읽어 주면서 이야기에 친숙하게 만들었다면, 당신은 아이들이 평생 독서를 즐길 수 있는 기반을 확실히 마련해 준 것이다. 때때로 아이들은 똑같은 이야기를 반복해서 듣고 싶어 한다. 전혀 이상한 일이 아니다. 어른들이 기억하거나 이해하기 위해 무언가를 두 번 이상 들어야 하는 것처럼, 아이들도 그와 같이 반복할 때가 많이 있다.

원하는 경로로 아이를 인도하기 위해서는 아이들을 아주 오랜 동안 지켜보고 세심한 관찰이 필요하다.

그렇게 오랫동안 노력하다 보면 어느새 아이들이 그 길을 걷게 된다. 아이들에게 독서의 중요성은 아무리 강조해도 지나치지 않으며, 궁극적인 결과만이 말해줄 것이다.

아이들이 독서를 즐겁게 하는 가장 좋은 방법

독서는 아이들에게 매우 중요하지만, 종종 아이들은 독서를 중요하게 여기지 않은 경우가 있다.

가만히 앉아서 집중하는 것이 그다지 재미있어 보이지 않기 때문에 독서를 하도록 영감을 받아야 한다. 독서는 재미있을 수 있지만, 약간의 상상력이 필요하고 당신은 이 상상력을 꽃피우는데 도움을 줄 수 있다. 아이들을 위해 독서를 재미있게 하는데 도움을 줄 수 있는 몇 가지 유용한 방법들을 소개해 본다.

어둠 속에서 읽기

자, 이것이 아마도 자녀들에게 즐거운 일이 될 수 있는 이유는 자녀들이 읽어야 할 전형적인 방식과 관련이 있기 때문이다. 취침 전 자신의 침대에 앉아 사용할 수 있는 손전등을 줄 수도 있고, 시트로 '배'를 만들어 그 안에서 읽게 할 수도 있다.

그래프 사용

어떤 아이들은 자신들이 하고 있는 일의 경과를 보고 싶어 한다. 이 아이들을 위해, 읽기 그래프를 만들어 보라. 아이들이 얼마나 많은 책과 소설을 읽고 있는지, 그리고 얼마나 많은 페이지를 읽고 있는지를 도표로 나타내면서 아이들을 관찰할 수 있게 해준다. 아이들이 일주일에 그렇게 많은 페이지나 한 달에 그렇게 많은 책을 읽으면, 당신은 아이들에게 작은 상을 줄 수 있다. 그러면, 상을 받는 것이 도전거리가 되어, 독서를 더욱 즐겁게 한다.

책을 읽어 주자

아이들이 초등학교에 입학하는 시점에 책을 많이 읽히는 것은 아이들에게 자신감을 키워준다. 이 시기는 부모들이 아이들에게 관심을 가지고 완전히 집중하는 시간이기도 하다. 즐거움을 더하기 위해,

마음이 건강한 아이가 행복하다

아이들이 직접 책을 고르게 해보라.

출판물 읽기

자녀들에게 독서를 재미있게 해줄 수 있는 또 다른 방법은 오디오 버전의 CD로 완성된 책을 사거나 유튜브와 같은 무료 사이트에서 독서를 하면서 비디오를 보는 것이다. 비디오나 오디오가 재생될 때에 맞춰 아이들은 책을 따라 읽는다.

활동 도서

활동 책은 어린이들에게 독서를 재미있게 해주는 또 다른 훌륭한 도구다. 책 한 권과 아이들과의 활동이 있는 키트들이 많이 있다. 예를 들어, 어린이들이 활동 구성요소를 위해 매장된 보물이나 공룡 뼈를 발굴하고 나중에 구성된 책을 읽을 수 있는 발굴 키트가 많이 있다. 더 어린 아이들이 보는 그림이 많은 책들은, 그래픽에서 무슨 일이 일어나고 있는지를 표시하기 위해 페이지 상단에 문장이 있다.

워드 및 읽기 게임

독서를 장려하기 위해 만들어진 많은 단어와 독서 게임이 있다. 예를 들어, 도약 개구리는 냉장고 포닉스, 태그 앤 태그 주니어, 냉장고 워즈, 알파벳 탐색기 등을 포함한 많은 제품들을 가지고 있다. 아이들이 이것들을 가지고 노는 기간을 제한해야 하지만, 아이들이 수준에 맞는 책을 즐겁게 읽는데 있어 매우 귀중할 수 있다.

아이들을 위한 조기 독서 방법

아이의 천재성을 발굴해내는 것은 모든 부모가 가져야 할 의무이자 즐거움이기도 하다.

읽기 수업을 조기에 시작함으로써, 여러분은 훨씬 더 빨리 천재성를 일깨울 수 있을 것이다. 모든 아이들은 적어도 초기에는 역할 모델로서 부모님을 우러러본다. 그러므로 당신은 당신의 아이를 이끌 책임이 있고, 아이가 지식에 대해 깊고 지속적인 갈증을 가지도록 격려할 책임이 있다. 어느 정도까지 접근하느냐에 따라 당신의 아이가 얼마나 빨리 읽고 사랑하는 법을 배울 것인가가 결정될 것이다. 일찍 읽기 시작하는 것은 여러모로 많은 도움이 된다.

예를 들어, 여러분이 책을 읽는 것에 대해 거부감을 가지거나, 사무실에서 읽을거리를 집으로 가져와 읽는 것에 대해 불평을 한다면, 여러분의 아이들에게 바람직하지 않은 영향을 끼칠 것이다. 여러분은 다음에 제시된 독서 제안들 중 몇 가지를 따라 함으로써 자녀들이 일찍 읽기를 시작할 수 있도록 도와야 한다.

1. 책으로 가득 찬 환경 갖기

시각적으로 풍부하고 다채로운 어린이 책을 찾아라. 이런 책들이 시중에 많이 나와 있고, 아이들은 흥미를 돋우는 이미지와 색에 관심을 갖는다.

2. 큰 소리로 읽어라.

당신의 아이에게 큰 소리로 이야기를 읽도록 하라. 이를 위해 매

마음이 건강한 아이가 행복하다

일 15분에서 30분씩 따로 시간을 만들어라. 자녀와 친밀하고 따뜻한 관계를 형성하게 된다. 그리고 여러분의 아이가 소리 내서 읽게 되면 자신이 부모님의 완전한 관심을 받는 것에 대해 만족하게 될 것이다. 단지 짧은 독서 시간일 뿐일지라도 아이들이 부모님을 독차지하고 있다는 것은 아이들에게 정서적으로 많은 도움을 줄 수 있다. 게다가, 당신과 아이들이 가까이 함께 함으로써 아이들에게 사랑과 관심을 주게 된다. 나아가 아이가 안전함을 느끼도록 도와주기 때문에, 긴밀한 유대감이 형성되는 효과도 있다.

큰 소리로 읽기에 가장 효과적인 시간은 잠자기 직전이다.

야간 잠옷으로 갈아입고 저녁 식사도 하고 목욕 시간도 끝났다. 이쯤 되면 아이가 부모 목소리의 다양한 음색을 듣는 데 열중할 수 있는 준비와 반응만 남는다.

때때로 당신의 아이가 인내심이 없어 보이기도 하고, 특정 페이지를 뛰어넘어 일정부분을 선호하기도 한다. 이것 때문에 낙담하지 않는 것이 중요하다. 대신 중요한 점은 교육의 즐거움이 함께 오기 때문에 아이가 그런 과정을 좋아해야 한다는 점이다. 만약 서두르게 되면 스트레스 때문에 좌절하게 된다. 아이들의 페이스대로 일이 진행되도록 해야 효과가 크다. 여러분은 음정과 음색을 바꾸어 가며 책을 읽어주도록 노력해 보라. 그리고 좋은 연기를 하는 것이 여러분의 아들 혹은 딸에게 등장인물들과 줄거리에 대한 다양한 느낌을 제공하는 데 도움이 된다는 점을 기억하라.

3. 일관성이 관건

일관된 독서 프로그램에 충실하도록 노력하라. 독서를 연기하다보면 핵심에서 벗어나 목표를 잃어버릴 수 있다. 구조와 스케줄링을 잘 지키는 것은 당신의 아이들에게 독서의 중요성을 인식시키는데 많은 도움이 되어, 독서 습관을 갖는데 효과적이다. 책을 아이와 함께 읽고 아이에게 자신의 생각을 묻는 것은, 아이들의 발표 능력과 요약 능력을 향상시키는데 효과적이다.

최고의 독서 지도를 받는 방법

자녀가 학교에서 독서에 어려움을 겪고 있고 당신이 원하는 만큼 도움을 줄 수 없다면, 아마도 지금이 독서 지도교사를 채용할 때일 것이다. 자녀에게 가장 적합한 과외 교사를 찾는 것은 도전적이고 시간이 많이 걸리는 일일 수 있다.

다음에서는 당신의 아들 혹은 딸의 가정교사를 찾을 때 당신이 따라야 할 단계들을 요약한 것이다. 나는 이 조치들이 당신의 아들 혹은 딸을 위한 완벽한 가정교사를 찾는 데 도움이 될 뿐만 아니라 당신의 검색 절차를 향상시키기를 바란다.

1. 자녀가 필요로 하는 요구사항 발견

당신의 아이를 위한 완벽한 가정교사를 찾는데 있어서, 첫 번째 단계는 아이가 원하는 도움의 종류를 확인하는 것이다.

예를 들어, 만약 당신의 아이가 특정 과목에 강하지 않다면, 당신은 아마도 그러한 과목들을 전문으로 하는 코치를 배치함으로써 효과를 얻을 것이다. 자녀에게 학습 장애가 있는 경우, 거기에 맞는 학습 전략을 전문적으로 가르치는 코치를 배치하면 더 나은 결과를 얻

마음이 건강한 아이가 행복하다

을 수 있을 것이다. 또한 당신은 당신의 아이가 광범위한 영역에서 더 나은 성과를 낼 수 있도록 도울 필요가 있다.

2. 능력 있는 가정교사 찾기

여러분이 필요로 하는 가정교사를 찾을 수 있는 많은 장소들이 있다. 학교 상담교사는 훌륭한 자원이다. 왜냐하면 이들은 당신의 아이가 필요로 하는 것을 충족시키는 가정교사를 찾는데 도움을 줄 수 있고, 아마도 몇몇 지역 과외 사업을 이해하고 있을 것이다. 자녀를 둔 다른 부모에게 부탁하는 것도 가정교사를 찾는데 큰 도움이 된다. 이들은 다양한 가정교사 서비스의 품질을 보증할 것이며, 한 두 개의 가정교사 회사를 경험해봤을 것이다. 온라인 과외도 마찬가지로 훌륭한 자원이다. 가정교사 소개소는 종종 많은 독서 지도사 네트워크 및 노하우를 가지고 있으며, 지역이나 도시 별로 검색할 수 있게 해준다.

3. 가정교사 평가

일단 당신의 자녀들을 위한 건강한 가정교사들의 목록을 모았으면, 각각의 가정교사 서비스를 더 자세히 평가하라. 인터넷에서 검색하여 비즈니스에 더 많은 정보가 있는 웹 사이트가 있는지 확인하라. 여러분의 기본적인 조건에 맞는 리뷰도 찾아보고, 이전 학생들의 수행 기록 등과 같이 고려해야 할 몇 가지 다른 변수들도 체크하라. 당신은 답해야 할 질문의 목록을 작성하고 과외 업체나 코치에게 전화를 걸어 답변을 들을 수 있다. 선택을 결정하기 전에, 당신의 아이를 교육시킬 모든 가정교사들과 사전 미팅을 해야 한다. 이를 통해 자녀와 가정교사가 소통하는 방법을 평가할 수 있고, 자녀들이 가정교사에 얼마나 잘 반응하는지 확인할 수 있다. 가정교사 몇 명을 만난 후, 그리고 아이들의 장단점을 따져본 후, 최종 결정을 내려라.

4. 대책 및 목표 합의

성과를 평가하기 위한 절차를 수립하는 것이 중요하다. 많은 가정교사 소개회사들은 시간과 함께 성과를 평가하고 기준을 만들 수 있는 특별한 시스템을 갖추고 있다. 만약 당신이 선택한 회사가 확립된 시스템을 가지고 있지 않다면, 당신은 직접 목표물을 그리고 당신이 어떻게 성과를 측정할 것인가를 작성해야 한다. 여기에는 시험 점수를 한 단계 이상 향상시키고, 더 높은 읽기 수준으로 진행하는 것 등이 포함될 수 있다. 측정값과 대상이 생성되면 대상과 비교하여 자녀의 성능을 자주 평가하라. 성과가 바로 나타나는 것은 아니지만, 만약 당신의 아이가 두 달 넘게 원하는 분야에서 여전히 향상되지 않았다면, 당신은 아마도 가정교사를 만나 결과를 얻을 다른 전략을 논의하거나 다른 가정교사를 찾기 시작해야 할 것이다.

연령별 읽기 수준의 구분

독서는 아이가 좀 더 상상력이 풍부해지도록 도와주면서 학습에 대한 관심을 갖게 한다. 따라서 가능한 한 빨리 독서를 시작하도록 격려하는 것은 좋은 일이다. 유치원 어린이의 독서 수준은 초등학교 어린이와는 달리 내용파악이 잘 되지 못할 수도 있다. 따라서 연령별로 독서 수준이 다르다는 것을 이해하는 것이 중요하다. 예를 들어, 약 20페이지의 텍스트는 9살짜리에게는 그리 대단하지 않은 읽을거

마음이 건강한 아이가 행복하다

리인데, 4살짜리 아이가 끝까지 앉아서 따라가기에는 너무 길지도 모른다. 다음부터는 각 수준에서 독서를 장려하는 방법에 대한 몇 가지 유용한 팁을 제공하고자 한다.

유아, 출생부터 3세까지

유아기 아이에게 독서를 시작한다는 것은 아이들이 독서를 즐길 수 있도록 해주는 차원이다. 왜냐하면 그것은 재미있는 일이기 때문이다. 다른 아이들이 책과 놀고 교류하는 것을 볼 수 있는 도서관에 당신의 아이를 데리고 가는 것은 재미있는 활동으로써 독서를 장려하는 멋진 방법이다. 이 단계에서 당신은 단순히 당신의 아이에게 책을 읽어주고 아이들에게 사진을 보여줄 것이다. 독서는 단지 몇 장의 판지 페이지가 있는 책과 같이 아이들의 나이에 맞게 만들어진 아주 작은 책들로 구성될 것이다. 단어도 적고 그림이 대부분이다. 이 나이에는 독서에 대해 어떻게 느낄 것인가에 대한 인식이 형성되어 있기 때문에, 힘차고 지루한 방법보다는 행복한 어조로 읽고 흥분을 보이는 것이 필수적이다.

취학 전, 3~5세

지금은 단어와 그림을 가리키고 큰 소리로 말하면서 읽는 법을 가르치기 시작할 수 있는 시기이다. 아이에게 책을 읽어주면서 명확하게 읽고 열정을 보이면 아이들도 책을 읽고 싶어 하도록 동기부여가 될 수 있다. 당신은 아이에게 독서를 위한 작은 장난감이나 간식과 같은 인센티브를 제공할 수 있다. 아이들이 책을 고르게 하고 당신이 읽을 수 있도록 건네주는 것만으로도 이 나이에는 충분하다.

유치원, 5~6세

자녀들이 독서와 글쓰기 교육의 시작을 집중시키는 시기인 만큼, 자녀들에게 독서를 가르치는 데 있어 중요한 타이밍이다. 유치원에 다니고 선생님과 다른 친구들과 함께 독서를 배우고 있음에도 불구하고, 아이들은 부모와 가족들이 하는 일들에 의해 대부분의 것을 배우고 받아들인다. 책을 읽는 것이 집안에서 모든 가족들이 아주 중요한 일로 생각할 수 있도록 아이들에게 인식시킬 필요가 있다. '부모님이 책을 읽는 것을 좋아하는구나'라는 생각이 들도록 집안 분위기를 만들어 보라. 거실에서 TV를 치우고, 같이 독서할 수 있는 테이블을 놓는 방법도 좋을 수 있다.

초등학교, 7~12세

이 때쯤이면 아이들은 스스로 독서를 즐기고 더 오래 읽을 수 있어야 하며, 시간이 지날수록 관심을 끄는 책을 읽을 수 있다. 주간 도서관 여행, 가정 독서 시간, 독서에 중점을 둔 게임 등은 독서 장려를 지속하기 위해 이 시기에 할 수 있는 훌륭한 일이다. 만약 여러분이 그렇게 할 수 있다면, 나이에 부합한 독서에 대한 인센티브를 줄 수 있다. 예를 들어, 일주일에 5권의 책을 읽는 아이들에게 작은 장난감이나 아이스크림을 준다. 만약 나이가 10살이라고 하자면 일주일에 40페이지 이상의 책을 읽어야 하고 주말에 보상으로 영화를 시청할 수 있게 하거나, 아이가 좋아하는 컴퓨터 게임을 할 수 있는 시간을 배정할 수도 있다.

아이가 자랄수록 독서가 얼마나 보람을 느낄 수 있는지를 계속 반복하는 것이 필수적이다. 다행이 운이 좋다면, 어떤 시점에서는 더 이상 인센티브가 필요하지 않을 것이다. 왜냐하면 아이들은 독서를 좋아하게 될 것이고, 아이들이 소비하는 이야기는 충분히 보람이 있을 것이기 때문이다.

🔷 요약

1. 자녀의 현재 독서 수준이 별 문제가 아니라고 생각되면 다시 생각해 봐야한다. 읽고 쓰는 능력이 떨어지는 아이들은 학교를 진학한 후 학업성취도가 떨어지거나, 인내력이 부족하거나, 미래에 대한 자기 발전에 대한 동기 부여가 약해 성년기에 좋은 성취가 어렵다.

2. 문맹으로 자라거나 독서가 빈약하게 되는 문맹아들은 혼외아동을 낳거나, 식권이 필요하거나, 건강상의 문제를 겪거나, 사회 저소득층으로 전락할 확률이 높다. 다행인 것은, 여러분은 이러한 통계를 바꾸는 것을 도울 수 있고, 그것은 여러분의 자녀들로부터 시작된다는 점이다. 우리는 아이들의 독서 수준을 높일 수 있도록 돕는 것이 어느 때보다 쉬운 시대에 살고 있다.

3. 아이들에게 게임을 하도록 격려하라. 어쨌든 게임을 읽고 쓰라. 이야기 시간을 갖기 위해 지역 도서관으로 데려가라.

4. 필요하면 언제든 도서관에서 공짜로 책을 빌릴 수도 있고, 아이들에게 책을 읽어주는 곳도 많다. 거리 간판, 광고판, 벤치 등... 아이들은 일상 속에서 연습을 많이 할수록 독서에 익숙해지고 더 쉽게 다가올 것이다.

5. 중요한 것은 가능한 한 재미있게 계속 뭐든 읽는 것이다. 자녀들이 독서에 어려움을 겪고 있다면 문제가 무엇인지 파악해 보라. 그러면 여러분은 아이들과 함께 문제를 풀고 아이들이 힘을 낼 수 있도록 도울 수 있다.

숙제 문제를
어떻게 다뤄야
하는가?

숙제에 고군분투하는 아이들을 어떻게 도울 수 있는가?

최근 한 조사에 따르면 거의 50%에 달하는 부모들이 자녀들의 숙제를 돕기 위해 애쓰고 있으며, 46.5%의 부모들이 이 문제를 이해조차 못하고 있는 것으로 나타났다. 구글과 국립가족문해센터(National Center for Family Literacy Center for Family Litering)가 주도하고 있는 이번 조사는 현대의 육아 역학관계에서, 심각하지만 종종 간과되는 문제를 조명한다. 왜 그렇게 많은 부모들이 숙제를 돕는 것을 가지고 고군분투하는가? 부모 중 3분의 1은 좌절감으로 "아이가 내 도움을 원하지 않는다."고 답했고, 21%는 단순히 '너무 바빠서' 아이들을 돕거나 숙제를 확인하는데 시간을 쓸 수 없다고 답했다.

하지만 숙제 때문에 힘들어하는 것은 부모뿐만이 아니다. 요즘 교사들은 이미 헌신적인 학부모들을 더 참여시키기 위해 숙제에서'부모 부문'을 추가하는 등 아이들에게 엄청난 숙제를 안겨주고 있는 것 같다. 누가 숙제를 더 어렵게 생각하는지, 학생인지 학부모인지 구분하기가 쉽지 않다. 하지만 한 가지 분명한 것은, 추세가 바뀌려면 부모들이 더 많은 것을 돕기 위해 노력해야 한다는 것이다. 궁극적으로 해결책을 찾는 것은 부모에게 달려 있다.

마음이 건강한 아이가 행복하다

이번 장에서 나는 부모들이 어떻게 재미있고, 친근하고, 스트레스를 받지 않는 방식으로 이 숙제에 접근할 수 있는지에 대한 아이디어와 통찰력을 제공할 것이다. 그리고 아이들이 숙제를 하면서 보내는 한두 시간을 즐길 수 있는 환경을 만들어 볼 것이다.

계획을 세워라 – 학년이 빠르면 빠를수록 좋다.

자녀와 함께 앉아서 매일 숙제를 해결하는 시스템을 마련하라. 아이가 가장 어려워하는 것을 찾아내고, 아이들이 어떻게 매일 숙제를 해낼 수 있는지에 대한 계획을 세울 수 있도록 도와라.

루틴 설정

연구에 따르면, 숙제를 할 때 자녀의 성적을 향상시키는 가장 좋은 방법은 매일의 스케줄을 설정하는 것이라고 한다. 어떤 가족들에게 이것은 저녁식사가 제공될 때까지 기다리는 것을 의미하고, 다른 가족들에게는 방과 후에 바로 숙제를 하는 것을 의미한다. 당신과 당신의 아이들에게 효과가 있는 것을 선택하라. 작가 앤 돌린이 쓴 책 《간편하게 만든 숙제》는 아이들이 책가방을 치우기 전에 간식을 먹고 휴식을 취할 수 있도록 방과 후 최소 30분 이상 아이들에게 휴식시간을 제공해야 한다고 제안한다. 그러나 그 30분 동안 TV, 비디오게임, 인터넷은 포함시키지 말아야 한다. 그렇지 않으면 여러분은 아이들이 책에 집중하도록 하는데 어려움을 겪을 수 있다.

올바른 장소를 선택하라.

어떤 아이들은 조용하고 독립적으로 일할 수 있는 침실에 설치된 간단한 책상에서 숙제를 가장 잘 한다. 다른 아이들은 엄마가 저녁을 요리하는 동안 부엌 한가운데 바닥에 앉는 것을 선호한다. 아이가 자신에게 가장 편한 장소를 선택할 수 있도록 할 수 있지만, TV, 게임 또는 근처에서 시끄럽게 노는 형제자매들에 의해 방해 받지 않도록 해야 한다.

타이머를 설치하라 – 미루는 사람에게 좋다!

일부 아이들은 내부 타이머가 없거나, 숙제를 빨리 끝내도록 강요하는 긴박감이 없다. 만약 이것이 당신의 아이를 묘사한다면, 아마도 당신은 새로운 조치를 취해야 할 것이다. 돌린 씨는 5분짜리 타이머를 설치하면 "시작!"이라고 외치고, 타이머가 꺼질 때까지 아이에게 최대한 열심히 일하게 하는 '5분간의 폭발(Five Minutes of Fury)'을 제안한다. 이 시점에서 아이는 계속하는 것을 선택할 수도 있다. 시간에 쫓기는 이런 감각은 아이들을 밀치고 스케줄에 맞춰 일을 준비시킨다. 하지만 엉터리 일을 마치게 해서는 안 되기 때문에 아이에게 그 일을 마치고 폴더 안에 넣기 전에 제대로 했는지 검토하라고 일러라.

이것은 아이들에게 긴박감을 심어줄 뿐만 아니라, 숙제를 시계의 비트 게임으로 바꾼다. 아이들이 숙제에 대해 흥분하게 하는 재미있는 방법에 대해 이야기해보자! 당신은 심지어 선생님으로부터 합격 점수를 받았을 때 아이들의 과제를 완료한 것에 대한 보상을 받을 수도 있다.

학생들이 과제를 완료하기 위해 몇 시간, 며칠, 심지어 몇 주가 주어졌을 때에도 이 방법을 사용하는 것은 또한 마지막 순간까지 기다리지 않는 것이 좋다는 믿음을 심어줄 것이다. 아이들이 숙제를 빨리 끝낼수록 더 많은 시간을 놀 수 있도록 배려해야 할 것이다. 아이들의 마음을 짓누르는 과제를 갖지 않는 것 또한 부가적인 혜택이다.

언제 방을 나가야 하는지 알고 있다.

아마도 당신은 아이가 특히 숙제가 어려울 때 무언가를 끄집어내려고 하는 것을 눈치챘을 것이다. 아이들은 당신의 주의를 끌기 위해 이렇게 한다. 왜냐하면 그 상호작용이 아이들이 맡은 일보다 더 흥미롭기 때문이다. 여기서 당신의 목표는 아이가 스스로 생각할 수 있도록 하기 위한 방법으로 점진적으로 백업을 하고 두 사람 사이에 공간을 만드는 것이어야 한다.

아이들의 숙제의 모든 측면을 도와줄 수 있다고 가정하거나 흉내 내지 말고, 아이들을 위해 아이들의 숙제를 대신하려 하지도 말아라.

"네가 할 수 있는 최악의 일은 네가 이해하지도 못하는 과제들을 어설프게 처리하려고 노력하는 거야." 당신이 지리 전문가인 척하는 것은 집단적인 혼란으로 이어질 수 있다. 대신, 여러분이 해야 할 일은 여러분이 장애물에 부딪혔다고 느낄 때, 선생님에게 추가 설명을 요청을 할 수 있다. 주제에 대한 추가 자료를 요청하는 것이다. 필요한 경우 과외 교사를 둘 수 있다.

여러분이 모든 답을 알고 있을 때, 항상 그것을 아이들에게 알려주지 않도록 하라. 아이들이 너무 자주 질문을 하면, 당신은 다음과 같은 더 많은 질문으로 대답할 수 있다. "너는 어떻게 생각하니?", 혹은 "해결책을 생각해 낼 수 있겠니?" 등의 질문이다.

신뢰 구축

아이가 당장 무언가를 얻지 못하면 좌절감을 느끼기 시작해 마음의 문을 닫을 수도 있다. 이것을 예방하는 좋은 방법은 함께 문제를 해결하는 것이다. 아이들이 대부분의 일을 제대로 하고 있는지 확인하라. 그런 다음 아이가 그 과정을 잊어버린 경우 인내심을 갖고 다시 한 번 검토하면서 아이가 잘하는 부분을 강조해야 한다. 당신이 아이들의 발전에 대해 칭찬하면, 아이들은 더 많은 정보를 기억할 것이고, 모험을 시도하고 새로운 문제를 해결하려고 노력할 것이다.

과부하 주의

필요한 경우 아이가 태클하기 쉬운 방식으로 과제를 구성할 수 있다. 예를 들어, 과제가 너무 복잡하거나 모호하게 들리면, 당신은 그 주제를 아이에게 더 친근한 방식으로 재도입할 수 있는 방법을 찾을 수 있다. 하지만 아이가 완전히 길을 잃어서 오후 축구나 체조로 인한 피로 때문에 숙제를 하는 데 큰 문제가 있다면 하룻밤을 쉬게 한다. 게다가, 만약 당신이 아이가 숙제에 너무 많은 모르는 부분을 가지고 있다는 것을 알아차린다면, 그것은 아이들이 그 분야에 많은 어려움을 겪고 있다는 징후일 수 있다. 이런 경우라면 선생님에게 도움을 청하거나, 아이를 도와줄 가정교사를 고용할 수도 있다.

숙제 폴더 보관

비록 아이들의 선생님이 숙제 폴더가 필요하지 않다고 하더라도, 그것들을 위한 폴더가 있어야만 하는 것을 알아야 한다. 이것은 또한 아이들이 당신에게 아이들의 숙제를 '제출'할 수 있는 공간이 되어,

마음이 건강한 아이가 행복하다

당신이 그 일이 완료되었음을 알게 해준다. 여러분과 아이 모두 진도와 책임성을 보고 측정할 수 있어야 하며, 이것은 숙제 폴더를 보관하는 것이 가장 좋다. 작업을 수행할 적절한 장소가 없다면, 아이는 작업을 완료하는 것의 중요성을 제대로 흡수하지 못할 수도 있고, 노력의 가치를 떨어뜨릴 수도 있다. 하지만 만약 아이들이 그것들을 위해 따로 폴더를 마련해 둔다면, 아이들의 작업의 시각화는 그 과정에 대한 헌신과 존중을 촉진할 수도 있다.

명심해, 이건 모두 지지에 관한 거야

어린 아이들이 공부할 수 있는 좋은 환경을 마련하고 숙제를 한다면, 아이들에게 이전과는 다른 방식으로 마음을 움직이게 해줘야 한다. 그리고 여러분이 스스로 접근하고 도전적인 과제에 도움을 준다면, 여러분은 아이가 훨씬 더 많은 것을 할 수 있도록 힘을 실어주는 것이다.

◆ 요약

1. 할 만한 가치가 있는 어떤 것과 마찬가지로, 숙제를 하기 위한 좋은 시스템을 개발하려면 약간의 노력과 효과적인 전략이 필요하다.

2. 일을 하기 위한 편안한 공간을 만드는 것에서부터, 아이들이 주의 산만함에서 벗어나도록 보장하는 것까지, 아이들이 숙제를 하는 환경은 아이들의 성공에 매우 중요하다.

3. 타이머와 보상을 사용하여 숙제의 게임을 만드는 것은 숙제가 일처럼 느껴지지 않게 만들 수 있다.

4. 도와주는 지원자를 고용할 줄 모른다는 것을 인정하는 것이 거짓보다 낫

다. 동시에 자녀들에게 숙제에 대한 답을 알려주지 않는 것이 중요하다.

5. 숙제 폴더는 아이들에게 책임을 물을 수 있는 좋은 방법이다. 아이들이 전반적으로 학교에서 좋은 성적을 거두도록 하기 위한 과제로 성적에 기록하라.

칭찬은 아이에게
왜 좋은가?

칭찬 대 처벌과 아이의 자존감

이번 장에서는 우리 아이들을 칭찬하고 처벌하는 심리적 효과와 아이들의 자존감에 대해 살펴보기로 한다. 우리가 아이들에게 하는 모든 말, 아이들을 향한 모든 긍정적이고 부정적인 구절은 아이들의 자존심과 감정적, 정신적 건강에 영향을 미치고 있다. 비록 우리가 아이들에게 비현실적인 기대를 걸고 싶지는 않지만, 우리는 우리의 말이 아이들에게 미칠 수 있는 영향을 인식해야 한다.

칭찬 대 벌

정서적으로나 정신적으로 건강할 수 있도록 보장하면서 어떻게 원하는 대로 행동할 아이들을 키울 것인가? 칭찬 대 처벌은 확실히 모든 부모들이 어떤 것이 최선인지 논쟁 중이기 때문에 상당이 관심이 많은 분야이다. 어떤 사람들은 아이가 나쁘면 때리거나, 아이에게 질책을 가해야 한다고 말한다. 하지만, 어떤 사람들은 어떻게 행동해야 하는지를 보여주기 위해서 아이들에게 좋은 행동에 대해 보상을 해야 한다고 주장한다. 다른 이들은 여전히 이 두 가지를 결합해야 한다고 믿고 있다. 하지만, 어떤 방법이 아이의 성장에 가장 긍정적인 영향을 줄까?

엄격히 심리적인 관점에서 보면 칭찬이 아이들에게 처벌보다 훨씬 효과적이고 긍정적인 영향을 미친다. 칭찬의 신체적, 청각적 보상을 주는 것은 자존감을 높이고 아이의 정서적 성장을 도와, 자녀에게 원하는 행동을 만들어 낼 가능성이 더 높다.

반면에 처벌은 다음을 포함하되 이에 국한되지 않는 한 심각한 부정적 영향을 미칠 수 있다.

1. 아이는 천성적으로 반항심이 강해진다.
2. 처벌을 면하기 위해 거짓말을 하고 숨는 것
3. 자존감이 낮다.
4. 부모 등 권위 있는 인물에 대한 무례한 행동
5. 부모와 자식 간의 권력 다툼 또는 다른 권위 있는 인물과 자식 간의 권력 다툼

아직도 납득이 안 되는가? 왜 칭찬이 행동 강화에 대한 처벌보다 더 나은지 설명하기 위해 이것을 좀 더 자세히 설명해 보자.

아이를 키우는 목적이 자신에 대해 나쁘게 생각하지 않고 규칙을 따르는 예의 바른 어른이 되도록 돕는 것이라면, 좋은 행동이라고 칭찬하라. 칭찬과 모범적인 행동은 매번 승리할 것이다.

사람들은 자신이 하고 있는 일을 감사하고 사랑하고 좋아하기를 원한다. 아이가 벌을 받을 때마다 그것은 아이들이 특정한 방식으로 행동하고 특정한 이데올로기에 순응해야만 사랑 받을 수 있다는 인상을 남길 수 있다. 나쁜 행동으로 인해 규칙적으로 벌을 받는 아이

들은 부모들이 원하는 모든 것이 심지어 '아이들에게 가장 좋은 것'이었을 때에도, 아이들은 부모의 진심을 이해하지 않고 다른 방식으로 오해할 때가 많다.

학대 받는 자가 대체로 학대하는 자로 성장한다는 말이 있다. 벌을 받는 아이들은 성인이 되면 자신의 자녀에게 부정적인 반응을 보일 가능성이 높다. 아이들의 낮은 자기 가치에 대한 감정은 또한 비이성적으로, 그리고 시간이 지남에 따라 추가적으로 혹은 더 극단적인 나쁜 행동으로 나타난다. 때로는 그 나쁜 행동을 극단적으로 비판하면서 혼자만의 세상으로 숨어버리는 경우가 있다.

반면에 칭찬은 성취감을 심어주고 아이들이 자신의 행동과 받은 방식에 대해 좋게 느끼며, 그 아이들은 칭찬받을 수 있는 방법을 계속 찾고 싶어 한다. 벌을 받는 아이들은 훨씬 더 공격적인 경향이 있다.

처벌이 필요한 경우

안타깝게도, 아무리 칭찬해도 아이가 행동하는 것을 막을 수 없는 지점이 올지도 모른다. 이 시점이 오면, 행동하지 않는 것에 대한 결과가 있다는 것을 자녀들에게 알려야 할지도 모른다. 이것은 내가 어떤 방법으로든 체벌을 권고하는 것은 아니지만, 나는 벌을 주는 것이 필요할 수 있다는 것을 알고 있다. 처벌에는 다음과 같은 것들이 포함된다.

1. 타임아웃(아무 것도 안하고 대기시키는 것)
2. 특권 상실(텔레비전, 태블릿 사용 금지, 비디오 게임 금지 등)

3. 기회 상실(지금 영화관에 갈 수 없고, 수영장 파티에 갈 수 없는 등...)

이러한 처벌의 이면에 있는 아이디어는, 우리가 해야 할 일을 하지 않을 때 아이들에게 결과가 있다는 것을 설명해줄 것이다. 예를 들어, 성인이 출근하지 않으면 급여를 잃을 수도 있고, 심지어는 해고될 수도 있다. 처벌을 받을 때는 이런 것들을 설명하는 것이 중요하다. 하지만 처벌의 관점에서, 나는 너무 많은 처벌을 받는 것에 대해 말하는 것을 자제하는 것은 비윤리적이라고 생각한다. 예를 들어, 벌을 받기 위해 자녀에게 식사를 못하도록 하지 말아야 한다. 아이에게 정말 소중한 것을 빼앗는 식의 처벌은 바람직하지 않다. 1년을 기다려온 생일 파티를 취소하는 것은 과도한 처벌이다.

이 모든 것을 말하고, 칭찬 대 벌의 혜택으로 돌아가자!

칭찬은 자존감을 높여준다.

수많은 연구와 기사들이 칭찬이 아이의 자존감을 높여준다는 것을 보여준다. 아이를 칭찬하면 자신의 행동이 인정받고 있다는 느낌을 받게 되고, 이는 결국 자아존중이라는 생각을 강하게 한다.

당신의 칭찬은 간단하고 효과적이어야 한다. 반드시 결과만 있는 것이 아니라 아이가 제시하는 노력에 집중하라. 스탠퍼드대 연구원의 한 연구는 재능이 아닌 노력을 칭찬하는 것이 더 큰 동기부여와 도전에 대한 더 긍정적인 태도로 이어진다고 지적한다.

칭찬은 언어적이기도 하고 비언어적이기도 하다. 포옹과 신체적인 보상의 선물과 같은 비언어적인 행동은 좋은 행동에 보상하는 한 가지 방법이 될 수 있다. 그러나 언어행위는 '잘했다' '잘했다' '잘했다'

와 같은 문구에 대한 격려와 청각적 칭찬의 말에 초점을 맞춘다. 주어진 어떤 칭찬도 칭찬받는 행위와 상관관계가 있는지 확인해야 한다. 즉, 아이가 좋아하는 일을 할 때마다 새롭고 사치스러운 장난감을 선물하는 것은 바람직하지 않다. 이것은 모든 행동에 대해 최고 이상의 보상이나 발언을 받을 수 있다는 기대를 불러일으킬 수 있다. 만약 그 기대를 충족시키지 못할 때 그때부터의 칭찬은 그만큼 효과가 없을 것이다.

칭찬의 정도를 정한다.

물론 지나친 칭찬 같은 것도 있다. 아이들이 칭찬 받을 일이 아닌 경우에는 칭찬을 해서는 안 된다. 아이들이 무언가에 실패했을 때 지나친 칭찬도 삼가야 한다. 예를 들어, 야구 경기 중에 삼진을 당했을 때 '좋은 시도'라는 취지의 말을 하는 것은 괜찮지만, "너무 무리하지는 마라."고 하는 것은 아이가 잘하지 못하더라도 인생에서 칭찬받을 것을 기대할 수 있는 계기를 마련하는 것이다. 그런데 그것은 아이가 미래에 자기 가치관이 현저히 낮아지게 할 수 있는 비현실적인 우선 순위이다.

지나친 칭찬의 또 다른 단점은 아이가 장난감과 돈 같은 것들을 받을 자격이 있다고 믿기 시작할 수 있다는 것이다. 지나치게 칭찬받는 아이는 단지 아이들이 다른 누군가로부터 빼앗는 것을 의미할 때조차도 모든 것을 가질 자격이 있다고 느끼기 때문에, 괴롭힘이나 도둑이 될 수 있다. 물론 이것은 가능성이 적은 시나리오지만, 그럼에도 불구하고 우리가 칭찬을 너무 많이 받아들일 때 발생할 수 있다.

아이의 자존심

어린 나이의 아이들은 돌보는 사람들이 자신들을 자랑스러워하고 자신들이 하는 일에 만족하는지 아닌지를 이해하기 시작한다. 자신에 대한 이러한 감정과 믿음은 성인기까지 잘 지속될 수 있고, 어떤 경우에는 평생 지속될 수 있다. 자녀에게 줄 수 있는 가장 큰 선물 중 하나는 스스로에 대한 자신감이다. 이것은 아이들이 성인 생활로 성장함에 따라 아이들의 자아상을 확보하는 데 큰 도움이 될 것이다. 긍정적인 자부심을 갖는 것은 정서적으로 건강한 아이들을 키우는 데 중요한 요소다. 자존감이 좋은 아이들은 인생의 굴곡과 맞닥뜨릴 준비가 되어 있다는 사실 등 삶의 모든 영역에서 더 잘 살아갈 가능이 높다.

우리 아이들에게 건강한 자존감을 높이는 것에는 다음과 같은 수많은 이점이 있다.

1. 아이들은 아이들 자신에게 더 많은 가치를 부여할 것이다.

자신감 있는 아이들은 아이들이 있는 그대로의 자신을 좋아하는 방법을 발전시킬 것이다. 아이들은 스스로를 중요하게 여기는 경향이 있고, 문제를 해결하는 과정에서 사회에 기여하는 데 책임이 있다고 느낄 것이다. 아이들은 항상 자신들 역시 가족과 친구들로부터 시간과 사랑 같은 것들을 공평하게 나눌 자격이 있다고 느낄 것이다.

2. 의사 결정이 아이들에게 더 쉬워질 것이다.

건강한 자존감은 아이들이 올바른 삶을 살 수 있도록 하는데 중요하다.

인생에서 선택은 특히 자신들이 하기 때문에 무엇을 해야 할지 말아야 할지 확신이 서지 않는 도전적인 상황에서 중요하다. 자신들을 확신하는 아이는 자신이 해야 할 일에 반한다고 느낄 때는 강하게 거절할 수 있다. 아이들은 또한 어느 대학에 진학할지, 데이트할 사람, 무엇을 입을지, 그리고 그 이상과 같은 다른 삶의 선택을 할 자신이 있을 것이다.

3. 아이들은 학업에서 높은 점수를 받을 가능성이 더 높다.

자존감이 높은 아이들은 학교 친구들과 더 잘 교류할 수 있고, 수업 중에 이해를 못하는 부분이 있어도 질문을 하는 것을 덜 두려워한다. 그리고 숙제나 다른 과제에 대한 과외와 같은 추가적인 도움이 필요하다고 느낄 때 더 큰 소리로 말하기 쉽기 때문에, 최적의 학업 잠재력을 달성할 수 있다. 이런 아이들은 기여하기를 원하고, 자신의 모든 것을 바치는 것이 아이들의 의무라고 느끼기 때문에 그만둘 가능성이 적다. 자존감이 높은 아이들은 자연스레 항상 더 잘하고 싶어하고 그것을 위해 일하게 될 것이다.

4. 높은 자존감은 아이들이 재능을 더 잘 파악하고 활용할 수 있도록 하며, 좋은 취미를 확립할 수 있도록 한다.

다시 말하지만, 자신을 믿는 아이들은 자신의 관심사를 믿고 좋아한다. 아이들은 끊임없이 자신을 빛나게 하는 속성을 찾고 그것들을 전시하는 활동을 함으로써 그 속성들에 대해 긍정적으로 행동한다. 건강한 자존감을 가진 아이들은 자신들이 노력한 것에 대해 실패하

마음이 건강한 아이가 행복하다

는 것을 덜 두려워한다. 왜냐하면 이 아이들은 이미 자신들이 가족과 친구들의 지원 시스템을 가지고 있다는 것을 알기 때문이다.

5. 학대하는 관계와 착취적인 상황을 피하는 것이 아이들에게 더 쉬울 것이다.

건강한 자존감을 가진 아이들은 일반적으로 괴롭힘이 시간 낭비라는 것을 다른 사람들이 감지할 수 있기 때문에 괴롭힘을 당하지 않는다. 아이들은 감정적으로 강하고, 외향적이며 자신감에 차 있다. 더욱 놀라운 것은 자존감이 높은 아이들은 자신과 타인에게 학대 상황을 보고하기 쉽다는 점이다. 이 아이들은 모든 사람들이 자신의 권리가 있다는 것을 알고 있고, 누구도 이 아이들을 허물려고 하지 않을 것이다.

아이들을 위한 자존감 강화제

이제 건강한 자존감을 심어주려는 노력의 이점을 알게 되었으니, 그것을 고양시킬 수 있는 방법은 무엇인지 알아보자. 사이버 괴롭힘, 대면 괴롭힘, 부정 같은 것들이 만연하고 있는 요즘이다. 왜 그렇게 많은 어린이들이 자기 자신이 낮다고 느끼고 아이들이 스스로 세상을 잘 살아가기에 결코 충분치 않을 것이라고 생각하는지 이해하기란 어렵지 않다. 그렇다면 어떻게 하면 부모로서 우리 아이들의 자존심을 높여 세상의 불가피한 부정과 마주쳤을 때, 아이들이 스스로 충분히 훌륭하고 가치가 있다는 믿음을 확고히 할 수 있을까? 다음은 아이들과 함께 사용할 수 있는 몇 가지 간단한 자존감 증진제이다.

아이들과 일대일 시간 보내기

아이들과 함께 시간을 보내고 싶다는 것을 보여주려면 일대일 경험이 중요하다. 단지 간단한 의사소통이나 활동을 함께 하는 것이 필요하다. 아이들과 함께 가치 있는 시간을 계획하는 것은 아이들에게 누군가가 그들과 어울리고 싶어 하고 자신들의 삶을 소중하게 여긴다는 점을 심어준다.

아이들에게 자신들이 중요하다고 말하라.

어릴 때부터 아이들에게 스스로가 중요하다고 말할 필요가 있다. 완벽한 사람은 없다고 설명하라.

아이가 자신에 대해 우울해하고 사소한 것 하나하나에 실망하고 좌절할 때, 아이들에게 완벽한 사람은 없다는 것을 상기시키고, 어려움은 극복할 수 있다는 자신감을 심어줘라. 심지어 잡지에 나오는 유명 인사들도 모두 어려움을 겪고 극복한 사람들이지 완벽한 사람이 아님을 예를 들어 설명해주면 도움이 될 것이다. 아마도 당신은 단지 당신의 요점을 증명하기 위해 유명 인사들의 이미지가 있는 웹사이트를 아이들에게 보여줄 수 있을 것이다. 모든 사람은 결점이 있지만, 그것을 어떻게 받아들이고 극복할 것인가가 향후 삶을 결정지을 수 있다는 것을 지속적으로 설명하라.

아이들이 자기 옷을 골라 입게 하고, 그것에 대해 판단하지 말도록 하라.

때때로 모든 어린이들이 높은 자부심을 느낄 때가 있다. 그것은 아이들 자신의 결정을 내릴 수 있는 기회를 얻을 때다. 어떤 옷을 입을

마음이 건강한 아이가 행복하다

지, 머리를 어떤 스타일로 할지 같은 것들을 선택하는 것은 칭찬을 받을 수 있는 절호의 찬스이다. 아이들의 선택에 가치를 부여하고 칭찬하라. 설사 아이들이 선택한 옷이 이상하다 할지라도 말이다.

아이들을 칭찬하고 자랑스러워 한다는 것을 알린다

여러분이 항상 아이들의 선택에 동의하지 않더라도, 아이들을 자랑스러워 한다는 것을 그들에게 알려야 한다. 칭찬은 좋은 성적을 올렸을 때나, 프로젝트와 스포츠에서 잘 하는 일을 칭찬한다.

이 간단한 자존감 증진제들은 아이들에게 그들이 중요한 일을 하고 있다는 것을 보여줄 수 있고, 세상에서 중요한 가치를 가지고 있다는 것을 인식시킬 수 있다. 이러한 촉매제를 자주 사용하고 여러분이 얼마나 아이를 사랑하는지 그들이 알도록 하라!

퀴즈 : 자존감과 자신감

1. 자신감이 높으면 아마 새로운 것을 시도할 가능성이 더 높다.
   참/거짓
2. 자신감이 높으면 승패도 괜찮다.
   참/거짓
3. 자신감 낮으면 큰소리치기 두렵다.
   참/거짓
4. 자신감이 낮은 사람은 새로운 친구를 사귀기 쉽다.
   참/거짓
5. 긍정적인 생각을 하면 자존감이 좋아질 수 있어.
   참/거짓

1. 자신감이 높으면 아마 새로운 것을 시도할 가능성이 더 높다.

   참! 스스로에 대해 기분이 좋으면 새로운 스포츠나 새로운 춤을 시도할 가능성이 높아져 실수할 염려가 없다.

2. 참 또는 거짓 : 자신감이 높으면 승패도 괜찮다.

   정말! 스스로에 대해 좋게 생각한다면, 우리 모두가 때로는 이기고 때로는 모두 지는 것을 알고 있다. 또한 이기든 지든, 당신은 항상 그 상황에서 무언가를 배울 수 있다.

3. 자신감이 낮으면 정답을 알고도 수업 시간에 큰 소리로 말하는 것이 두렵다.

   참! 자신감 낮은 사람은 정답을 알고도 수업 중에 말하는 것을 두려워할 수 있다. "이게 너라면 최선을 다해서 말해봐!" 선생님이 옳다고 하면 기뻐할 것이고, 답을 틀리면 나쁜 일은 일어나지 않을 것이다.

4. 자신감이 낮은 사람은 새로운 친구를 사귀기 쉽다.

   거짓! 자신감이 낮으면 새로운 사람들과 대화하는 것을 두려워한다. 하지만, 이런 식으로 정말 훌륭한 사람들을 만나는 것을 놓칠 수도 있다. 한번 시도해보고 다음에 새로운 사람 옆을 지나갈 때 인사해.

5. 긍정적인 생각을 하면 자존감이 좋아질 수 있어.

   참! 자신과 할 수 있는 일에 대해 긍정적으로 생각하라.

   생각 : "노력해 볼게!" 최선을 다하면 기분이 좋을 수 있다.

자존감을 키우는 방법

건강하거나 자존감이 높다는 것은 자신에 대해 좋게 느끼고 자신이 할 수 있는 일에 자부심을 느낀다는 것을 의미한다. 자존감이 높으면 긍정적으로 생각하고, 스트레스에 더 잘 대처하며, 열심히 일하기 위한 추진력을 높이는데 도움이 될 수 있다. 자존감이 높으면 새로운 것을 시도하기가 더 쉬워질 수 있다. 새로운 것을 시도하기 전에, 자존감이 높은 아이들은 "나는 이것을 할 수 있다."라고 생각하지만, 자존감이 낮은 아이들은 "이것은 너무 어렵다. 난 절대 못 할 거야."라고 생각한다.

질병이나 장애가 있다면 자존감에 어떤 영향을 미치는가?

당신은 다른 사람들이 당신을 어떻게 보느냐에 따라 당신의 자존감이 영향을 받는다고 생각하는가? 사람들이 너를 깔아뭉개거나 괴롭힌다고 생각하는가? 이것은 당신의 자존심을 위험에 빠뜨릴 수 있다. 자존감 제고가 필요하면 다음과 같은 조치를 취해 보라.

1. 자신이 정말 잘하는 것이 무엇인지 스스로에게 묻고 즐겨라.

다들 잘하는 게 있다. 자신에 대해 기분이 나쁠 때는 '나는 예술을 잘한다.(또는 컴퓨터나 악기를 연주하거나 무엇이든 잘하는 것)'고 생각하라. 여러분은 또한 여러분의 뛰어난 특성과 재능의 목록을 만들지도 모른다. 그리고 모든 것을 잘하지 않아도 괜찮다는 것을 기억하라.

2. 새로운 것을 시도하도록 자신을 부추겨라.

새로운 것을 시도했다가 실패해도 괜찮아. 누구나 언젠가는 실패한다. 무엇이 잘못되었는지 알아내서 새로운 방법으로 다시 시도할 수 있도록 해봐. 계속 노력하고, 포기하지 마. 시간이 지나면 어떻게 성공할지 알게 될 거야.

항상 최선을 다하고, 자신의 노력에 자부심을 가져라. 목표를 달성할 때, 가족 식사를 하면서 축하하거나 즐거운 외출을 즐겨라.

3. 도움이 필요하면 부탁하라.

부모님, 선생님, 친구와 대화하는 것은 문제를 해결하기 위한 다른 방법을 생각해 내는데 도움을 줄 수 있다. 이것을 브레인스토밍이라고 한다. 가능한 해결 방법 목록을 만들어라. 제일 잘될 것 같은 것을 맨 위에 올려놓아라. 그런 다음 문제가 발생할 때 정확히 무엇을 할 것인지 또는 말할 것인지 알 수 있도록 미리 연습하라. 만약 당신의 첫 번째 계획이 효과가 없다면, 플랜 B로 가라.

만약 플랜 B가 잘 안 되면, 플랜 C로 가거나 등등 어떤 경우도 아무 방법이 없다는 생각을 갖지 않게 한다.

4. 지지모임에 가입하라.

다른 아이들이 어떻게 질병이나 장애를 다루는지 알아내는 것은 여러분이 대처하는 데 도움을 줄 수 있다. 의사, 교사 또는 부모에게 커뮤니티 또는 온라인에서 지원 그룹을 찾는 데 도움을 요청하라. 온라인에서 다른 아이들과 채팅하기 위해 이러한 옵션을 확인하라. 먼저 부모님의 허락을 받도록 하라.

마음이 건강한 아이가 행복하다

5. 학교나 지역사회에서 무언가를 하도록 자원봉사를 하라.

예를 들어, 당신은 어린 아이를 과외하거나 주민센터 로비에 있는 식물들을 돌볼 수 있다. 당신은 또한 자진해서 집에서 집안일을 할 수도 있다.

6. 인생을 좀 더 통제할 수 있는 방법을 찾아라.

예를 들어, 학교에서 질병이나 장애와 관련하여 필요한 모든 학생은 개인별 교육 계획(IEP)를 가져야 한다. 당신의 IEP는 학기 중 당신의 목표와 그 목표 달성에 필요한 모든 지원을 설명한다. IEP 개발에 참여하라. IEP 미팅에 참석하라. 당신의 부모님, 선생님, 그리고 당신의 IEP에 관련된 다른 사람들에게 당신이 생각하는 학교에서의 목표가 무엇이어야 하고 당신이 그것들을 성취하는데 무엇이 도움이 될 수 있는지 말해라.

7. 자신을 위해 큰 소리로 말하라.

수줍어하면 자신감이 떨어져 보여 원하는 것을 얻기 어려울 수 있다. 하지만 연습하면 더 쉬워질 수 있다. 여러분의 요구를 전달하는 법을 배우고, 무언가를 요구하는 것에 주저하지 말자.

8. 자신의 외모에 대해 좋게 느끼도록 노력하라.

누구나 자신의 몸에 대해 좋아하고 싫어하는 것이 있다. 자신의 신체 이미지, 혹은 외모에 대해 어떻게 느끼는지가 자존감에 영향을 줄 수 있기 때문에 긍정적인 것에 집중하는 것이 좋다. 그리고 진정한 아름다움은 내면으로부터 나온다는 것을 기억하라!

9. 아직도 자신에 대해 기분이 좋지 않은가.

만약 자신에 대해 기분이 좋지 않다면, 우울증의 위험에 처할 수 있기 때문에 부모님이나 학교 상담 교사, 의사에게 이야기하라.

당신은 또한 학교 간호사에게 학교가 힘든 일을 겪는 아이들에게 도움을 위한 상담을 제공하는지 여부를 물어볼 수 있다.

◆ 요약

1. 칭찬은 언제나 처벌보다 낫다.

2. 칭찬은 바라는 결과를 낳기 쉬우며 아이들에게 좋은 자존감을 심어주는 좋은 방법이다.

3. 우리 아이들은 항상 귀를 기울이고 있기 때문에 우리는 끊임없이 자기 자신에 대한 아이들의 이미지를 고양시키고 있다는 것을 확실히 해야 한다.

4. 아이들이 다른 사람을 인식하여 믿는 것이 아이들의 현실이 된다. 그러므로 어린이들의 자존감을 높이기 시작하는 것은 어린 나이부터 중요하다. 아이들은 아이들 자신을 믿을 때 삶의 모든 면에서 더 성공하기 쉬우며, 아이들에게 세상이 진정한 가치를 가지고 있다는 것을 깨닫도록 돕는 것이 우리의 일이다.

5. 아동의 자존감을 높이는 데는 큰 도움이 되지 않지만, 그렇게 하기 위해 노력하는 것은 어른으로서의 정서적 건강을 형성하는데 많은 차이를 만들 수 있다.

마음이 건강한 아이가 행복하다

왜 아이들
스스로 선택하게
해야 하는가?

자녀들이 옷을 고르도록 돕는다.

부모로서 우리는 종종 우리의 아이들이 해야 할 일이나 아이들이 노출되는 것에 대해 많은 영향을 주고 때로는 결정할 때도 있다. 우리는 종종 저녁 식사로 아이들을 데려갈 장소나 아이들이 보고 싶은 영화를 직접 고른다. 우리는 아이들에게 무엇이 옳은지 알고 있다고 생각하기 때문이지만, 때때로 우리는 우리의 아이들이 무언가를 선택할 수 있는 능력을 가질 수 있도록 허락할 필요가 있다. 정서적으로 건강한 아이들을 기르기 위한 좋은 양육의 일부는 아이들이 텔레비전에서 보고 싶은 것은 물론, 도시를 떠나 있는 동안 어떤 명소를 방문할 것인지, 저녁으로 무엇을 먹을 것인지 등을 선택할 수 있도록 해야 한다.

아이들에게 책임감 부여

아이들이 무언가를 선택할 수많은 기회를 제공하는 것에 대한 한 가지 좋은 이유는 아이들이 책임감을 가질 수 있는 방법을 배울 필요가 있기 때문이다. 특히 자신의 행동에 책임을 지는 것이 무엇인지 이해하기 위해서는 아이에게 어느 정도 책임감이 부여되는 선택을

마음이 건강한 아이가 행복하다

할 수 있는 기회를 지속적으로 부여해야 한다.

아이는 올바른 선택을 하는 방법을 배우는 수단으로 아이들 스스로 결정을 내릴 기회가 주어져야 한다. 이것은 사물을 선택할 수 있는 능력이 주어진 아이는 나중에 더 나은 선택을 할 수 있다는 것을 의미한다. 왜냐하면 자신의 결정이 어떻게 영향을 미칠 수 있는지를 이해하는 데 수반되는 지식 때문이다.

정서적 건강 증진

아이의 정서적 건강은 아이가 학교에서 얼마나 학교생활을 잘하는지에 따라서 성년에 된 후에 얼마나 잘 하는지에 깊은 관계가 있는 것으로 많은 연구결과가 보여 주기 때문에 아주 중요하다. 예를 들어, 학교에서 특정한 일을 할 수 있는 선택권이 주어지는 아이들은 종종 더 짧은 기간에 더 많은 것을 배울 수 있다. 배우고 싶었던 것에 대한 우선권을 얻음으로써 동기부여가 더욱 급증하는 것을 느끼기 때문이다.

아이들이 자신만의 가치를 개발할 수 있도록 허용

부모가 말하는 모든 것을 반드시 해야 하고, 아이 스스로 선택한 일이 없을 때, 아이들은 스스로 할 수 있는 것이 없다는 것에 대한 자신감이 떨어지고 자존감이 약화될 수 있다. 사실, 아이들에게 많은 선택을 제공하는 것은 종종 어떤 아이들이 가능한 한 빨리 둥지를 탈출하여 바깥에 무엇이 있는지 볼 수 있게 하는 것이다. 아이들은 아이들 주위의 세상에 대해 더 많이 탐구하고 배울 수 있도록 어려서부터 기회가 주어지는 것이 좋다. 아이들이 어떤 취향, 옷, 경험을 선호하는지 일찍부터 배울 수 있는 기회를 주는 것은 아이들이 선호하는 것에 대한 더 강한 자부심을 갖게 할 것이다. 아이들이 선택할 권리를 허용함으로써, 아이들은 아이들이 누구인지 그리고 아이들이 어떤 가치관에 가장 편안한지 등을 자신이 선택한 일을 해내면서 배우게 될 것이다. 그러나 어려서부터 부모님이 선택한 것을 잘 따르기만 하는 아이로 만든다면, 자신에 대한 자존감을 찾고 무엇인가를 선택해야 하는 상황에서 좋은 선택을 하기가 쉽지 않을 것이다.

아이들이 선택의 결과를 배울 수 있도록 허용

아이가 무언가를 고르고 그것을 하게 되면, 아이들은 그 선택에서 결과가 무엇이든 많은 것을 배울 것이다. 하지만 선택이 좋은 결과를 만들지 않을 수도 있다는 것을 알아야 한다. 예를 들어, 만약 아이들과 식당을 가기로 하고 아이들이 식당을 선택할 수 있는 권한을 부여했다면, 그 식당이 부모님들이 알기에 좋은 식당이 아니더라도 아이들의 선택을 믿고 따라 줄 수 있어야 한다. 부모님이 가본 곳이어서 좋지 않으니 다른 곳으로 가자고 한다면, 아이들은 자신의 선택에 대한 확신을 가지지 못하고 항상 부모님께 의지할 수밖에 없다. 식당에 도착해서 아이들이 좋은 곳인지, 아니면 왜 나쁜 곳인지를 스스로 느끼고 책임감을 갖게 해야 한다. 그래야 아이들이 무엇인가를 선택할 때 결과에 대한 책임감을 느낄 수 있을 것이다.

비록 이것이 일부 부모들에게는 조금은 거부반응이 있을 수 있다. 하지만, 아이들이 어렸을 때 어디에서 저녁을 먹을지 선택할 수 있도록 허용하는 것만큼, 작은 리스크로 아이들에게 선택을 가르칠 수 있

마음이 건강한 아이가 행복하다

는 기회는 많지 않을 것이다. 아이들이 선택하도록 하는 것을 두려워해서는 안 된다는 얘기다. 그것은 아이들이 시키는 대로만 하는 것이 아니라 스스로 생각하고 리더로 성장하는 법을 배우는데 도움이 될 것이다.

우리 아이들이 옷을 고르는 것을 돕는 것

당신의 아이들이 비록 어리더라도, 당신은 아이들이 옷을 선택하도록 내버려두는 것이 좋을지도 모른다.

≪자연 양육≫의 저자인 마이클 구리안에 따르면, 아이들의 의상 선택도 제 마음대로 하도록 내버려두면 아이의 정체성이 생겨난다고 한다. 예를 들어, 아이들은 펜을 고르고, 그림을 그리거나 글을 쓴 다음 스스로 꿈이나 특정한 생각을 발전시킨다고 한다. 그러므로 여러분의 일은 아이들에게 무엇을 해야 하는지, 무엇을 입어야 하는지 지시하는 것이 아니다. 여러분의 책임은 아이들을 지도하고, 자기 방향을 발전시킬 수 있는 조력자 역할만 하는 것이다. 아이들의 모든 선택을 잘 해주어 아이들이 어려움 없이 성장하도록 돕는 것이 부모님의 좋은 역할이 아님을 반드시 알아야 한다.

아이들이 무엇을 할지 혹은 무엇을 입을지 선택하게 하는 것은 아이들이 아이들 자신의 방식으로 일을 하는 것에 관심을 발전시키고 있는 것이다. 이제 그것을 배웠다면, 즉시 시작해야 한다. 이런 관심은 아이마다 나이에 따라 발전할 수 있지만, 옷을 직접 고르고 싶은 욕구가 생겨나면 그 흐름에 맞춰 가는 것이 좋을지도 모른다.

아이들에게 선택지 부여하기

아이들이 아무리 고집이 세고 독재자처럼 자기주장을 펴고 떼를 쓴다고 해도, 부모님이 마음만 먹으면 아이들은 이길 수 있는 존재이다. 아이들에게 권력을 주는 것은 괜찮지만, 더 나은 양육이 중요한 것이기 때문에 아이들에게 선택권을 줌으로써 통제할 수 있어야 한다. "당신에게 중요하지 않은 것에 대해 당신의 아이에게 작은 선택권을 주어라."라고 ≪어린 유아를 위한 사랑과 논리 마법≫에서는 말한다. "파란색 바지가 달린 빨간 스웨터를 입을까, 아니면 검은색 바지가 달린 흰 스웨터를 입을까?"라고 물어볼 수 있다. 아이들에게 선택권을 주는 것은 아무리 어린 아이일지라도 생각을 하게 만들고, 또한 그 선택의 결과를 맞이하게 된다. 아이들은 책임 있는 선택을 어려서부터 배우도록 교육되어야 한다.

"이걸 그려봐 : 당신은 아이를 학교에 보낼 준비를 하고 있고 아이들을 위해 아이들의 옷을 골랐지만, 아이들은 자신들이 입기 때문에 그것을 입기를 원하지 않는다. 만약 당신이 그 아이에게 선택할 수 있는 세 가지 옷을 준다면 어떨까? 지금 아이들은 당신이 아이들의 의견을 원하는 것처럼 느낀다. 아이들은 자신이 큰 소녀나 소년이 되어야 한다는 사실에 행복과 힘을 느끼고 스스로 선택한다. 적어도 공공장소에서 바보처럼 보이지 않게 할 의상을 골랐기 때문에 여전히 상황을 '조종'하고 있지만, 발언할 기회를 준 것이다."

아이들이 취미를 배울 수 있도록 허용하기

당신 아이의 취향이 아무리 독특하다 할지라도, 그 취향은 시간이 지나면서 진화한다는 것을 명심하라. 당신의 아이가 당신이 좋아하는 것을 좋아하지 않을 수도 있으니, 아이들의 선호에 대해 융통성을 가지고 이해하도록 노력해야 한다. 왜 이것이 당신의 아이에게 이로울까? ≪걸음마를 배우는 아이 411(Toddler 411)≫의 저자이자 '어버이 매거진'의 의학 고문인 아리 브라운은 어떤 부모라도 자녀의 선택에 이의를 제기하지 않도록 최대한 노력해야 한다고 제안한다. 당신이 아이들의 선호에 대해 융통성을 가지려고 할 때, 당신은 아이들에게 그들의 의견을 존중한다는 것을 보여준다. 만약 그녀가 하루 종일 드레스를 입고 싶다면, 매번 그것이 아이들에게 문제를 일으키지 않는 한, 아이들이 그것을 하도록 하는 방법을 찾도록 노력하라. 예를 들어, 만약 날씨가 춥고 아프지 않기 위해 아이들이 드레스 대신 바지를 입어야 한다면, 분명히 아이들이 그 드레스를 입지 못하게 하는 방법을 찾아야 한다. 강압적으로 "밖이 추우니 이 옷은 안 돼!"라고 이야기하기 보다는 아이가 '밖이 추워서 드레스를 입을 수 없겠구나' 하는 생각이 들도록 경험하게 해야 한다. 아이들에게 아무리 사소한 일이라도 강요하고 지시하는 것은 좋은 양육법이 아니다.

맞춤 허용(한계에 도달)

당신이 그것에 동의하던 동의하지 않던 간에, 당신의 아이들은 종종 아이들의 또래들이 하는 것처럼 옷을 입어야 한다는 압박감을 가지고 있다. 금전적인 문제가 심각한 정도가 아닌 이상, 적절할 때 아이들에게 적합하다고 생각하는 것을 선택할 수 있도록 용기와 힘을 주는 것이 좋다. 분명 당신은 단지 아이들의 또래들이 아주 비싼 옷을 입고 있다고 해서 당신의 아이에게 비싼 종류의 옷을 입히기 위해 과다한 비용을 지불할 필요는 없다. 한편, 이것은 당신의 아이들에게 가르칠 수 있는 또 다른 순간이 될 수도 있다. 모든 아이들이 특별한 종류의 재킷을 입고 있다고 가정해보자. 아이들이 같은 재킷을 가지기 위해서는 아이들 스스로 그 재킷을 사기 위한 돈을 벌어야 한다. 이것은 당신이 아이들에게 어떤 선택이 결과를 가져온다는 것을 다시 한 번 보여줄 수 있게 해준다. 이 경우에 그 결과는 비용과 돈을 벌기 위해 필요한 일이 될 것이다.

고려해야 할 또 다른 요인은 학교에서의 복장 규정이다. 여러분은 물론 부적절한 옷을 말리고, 필요하다면 제한을 두고, 규정을 지키는 것을 강요해야 한다. 하지만 대부분의 경우 아이들이 자신들의 옷 결정이 아이들의 세계에 어떻게 들어맞는지 스스로 알아내도록 기회를 주는 것이 좋다.

더 쉬운 삶 만들기

우리 아이들이 옷을 고르도록 돕는 것은 우리의 삶을 더 쉽게 만들 뿐만 아니라 아이들의 삶도 더 쉽게 만들 수 있다. 어떻게? 가장 간단한 대답은 강압으로 인한 갈등을 피하는 것이다. 당신의 아이들이 청바지를 선호할 때 부모가 선호하는 단정한 면바지를 입도록 하는 것이 정말 가치 있는 일인가? 옷을 선택함에 있어 아이와 갈등을 불러일으키는 것은 그다지 가치 있는 일이 아닐 것이다. 단정한 면바지가 더 적절하다고 생각할지 모르지만, 의견 불일치로 인해 야기될 스트레스는 가치가 있는가? 아이들이 청바지를 입으면 정말 아이들을 해칠까, 아니면 다른 사람을 해칠까? 아니라고 대답한다면 왜 그냥 내버려두지 않는가?

마음이 건강한 아이가 행복하다

많은 아이들은 부모가 자신의 신념을 너무 강하게 밀어붙일 때 짜증을 내며 반응한다. 어쩌면 부모들이 원하는 대로 하도록 내버려두는 것이 당신과 자녀들 모두 나쁜 기분과 싸움을 피할 수 있도록 하는 더 쉬운 방법일지도 모른다.

제니퍼 존스는 그녀의 책 ≪양육의 3가지(The Three P's of Parenting)≫에서 우리 아이들은 단지 자신들이 너무 적은 권력을 가지고 있기 때문에 권력을 행사하고 싶어한다고 말한다. 그녀는 많은 부모들이 아이들 스스로 내리는 결정이 아이들의 안전에 해로울 수 있다고 생각하기 때문에 아이들에게 선택의 권한을 주는 것에 대해 걱정한다. 하지만 자녀들에게 선택권을 주고 그들이 자신의 작은 일이라도 선택을 하게 것에는 엄청난 차이가 있다. 이것을 기억하는 것이 중요하다. 전반적으로 대부분의 아이들은 자신들의 부모를 기쁘게 하고 싶어 하지만, 당신이 아이들의 의견을 무시할 때 문제가 발생한다. 당신은 아이들에게 당신이 좋아하는 복장에 대해 느끼는 것을 보여줄 수 있고, 아이들은 종종 아이들의 선택에 있어서 당신의 의견을 고려하려고 할 것이다. 하지만 그것을 선택으로 내버려두지 않고 강요하는 것은 당신과 아이들의 신뢰에 균열을 만들 수 있다. 아이들의 건강과 성격형성에 치명적인 일이 아니라면 아이들이 선택할 수 있도록 권한을 줘라.

비디오 게임 중독과 싸우거나 선택의 여지가 없을 때

아이들이 즐기고 싶은 많은 선택들 중 하나는 취미를 고르는 능력이다. 많은 아이들에게 공통적인 취미는 비디오 게임을 하는 것이다. 불행히도, 이것은 쉽게 통제할 수 없는 하나의 선택이다. 우리 아이들에게 자유시간을 어떻게 할 것인가에 대한 선택의 자유가 너무 많이 주어지지 않도록 하는 것이 부모로서 우리의 일이다.

이것을 염두에 두고 살펴보자. 아이들의 비디오 게임 습관에 관해서는 크게 두 가지 질문으로 귀결된다. 얼마나 많은 시간을 게임을 하는데 보내는가, 그리고 어떻게 하면 비디오 게임 중독을 예방할 수 있을까이다. 이러한 질문에 대해서 부모들은 단순히 비디오 게임 중독만을 생각하는 것이 아니라 다른 많은 것을 생각하면서 결정해야 한다. 비디오 게임 산업의 기술 발전은 우리 아이들의 게임에 대한 친화력을 증가시켜 상황을 나쁘게 만들었다.

때로는 우리 아이들의 행복과 정신건강 사이에서 균형을 잡는 것이 어렵고 힘든 일이다. 따라서 우리 아이들의 게임 활동에 대한 면밀한 감시와 감독은 처음부터가 매우 중요하다.

비록 게임은 안전하고 생산적인 활동이 될 수 있지만, 지나친 게임은 우리 아이에게 부정적인 사회적, 심리적, 신체적 영향을 미칠 수 있다. 그러나 대부분의 부모들의 문제는 아이가 게임을 하는 시간에 대해서만 집착을 한다는 점이다.

자녀들이 이 게임을 끝마쳤음을 나타낼 수 있는 세 가지 사항을 살펴보라.

1. 스크린을 보고 있는 시간이 너무 많아

아이가 매 순간 TV나 컴퓨터 화면을 보고 있는 시간이 많은가? 학교를 결석했는가? 만약 그렇다면, 이것은 분명히 너무 심하다. 화면에 이렇게 장시간 노출되면 안구 문제가 생길 수 있다는 사실 이외에도 아이들이 화면 앞에서 보내는 매 순간은 인간의 상호 작용으로부터 멀어진 시간이다.

2. 악화되는 식습관

아이가 저녁을 거의 먹지 않거나 아이들이 노는 동안 밥을 먹자고 하는 것을 보았는가? 이것은 아이가 심각한 수준을 넘어섰다는 포인터일 수 있다. 게임은 당신의 아이가 먹는 것을 잊어버려 영양실조가 될 정도로 완전히 삶을 지배할 수 있다.

3. 사교성이 떨어지고 외부 활동에 자주 참여하지 않는다.

만약 당신 아이들의 유일한 친구가 온라인에 있다면, 이것은 아이들이 자기들 또래와 관계를 맺는데 어려움을 겪게할 수 있다. 만약 아이들이 밖에서 놀지 않는다면, 아이들은 너무 앉아 있어서 비만이 되거나 신체적 건강을 해칠 수 있다.

아이들은 게임을 너무 많이 한다.

1. 아이를 야외활동과 게임에 참여시킨다.

일으켜 세우고, 움직이게 하고, 비타민 D를 가져오게 하라. 비록 그것이 아이들과 밖에서 놀아야 한다는 것을 의미하더라도, 그렇게 밖으로 나가는 행동을 시작해야 한다.

야구, 소프트볼, 축구 등 활동적인 과외활동을 아이들에게 권장해 봐라.

2. 게임하는 시간을 조절한다.

당신이 부모라는 것은, 당신이 규칙을 정하고 당신의 아이가 비디오 게임에 참여할 수 있는 시간을 제한할 수 있다는 것을 의미한다. 물론 너무 엄격하지도 말고, 너무 관대하지도 마라. 어린이들의 게임을 빼앗는 것은 어린이들에 대한 식욕을 증가시키지만, 아이들과 관계를 맺는 능력을 키울 수 있다. 아이들의 선택권을 보장한다고 해서 아이들에게 모든 것을 다 허용해 줄 필요는 없다.

3. 게임을 대신하여 할 수 있는 활동을 만든다.

당신은 당신의 아이들에게 특정한 집안일을 완료하도록 요구할 수도 있고, 학교 성적을 적정하게 유지할 수도 있으며, 심지어 비디오 게임 시간을 줄이기 위해 밖에서 무언가를 하는 데 많은 시간을 할애할 수도 있다. 기억하라, 게임 자체는 나쁘지 않다. 그것을 적당히 유지하는 것이 최선이다. 게임을 과도하게 제한함으로써 너무 많은 것들이 문제가 될 수 있다. 그저 당신의 최선의 판단력을 사용하라.

마음이 건강한 아이가 행복하다

🔷 요약

1. 우리 아이들에게 많은 선택을 할 수 있는 일들이 필요하다. 선택은 아이들에게 자율정신을 심어줄 수 있다. 선택은 아이들에게 자신의 의견이 중요하다는 것을 느끼게 한다.

2. 우리 아이들에게 저녁 식사하러 나갈 장소, 어떤 영화를 볼지, 어떤 옷을 입을지, 그리고 어떤 취미를 가질지 같은 것들을 선택할 수 있게 하는 것은 인생에서 중요한 일이다. 선택할 수 있는 능력은 아이가 인생에서 원하는 것이 무엇인지, 그리고 아이들이 누구인지 알아낼 수 있게 해준다.

3. 우리가 아이들에게 의견을 강요하고 싶을 때에도, 우리가 아이들에게 선택했을 것과는 다른 것을 선택할 수 있도록 허용하는 것이 아이들에게 자유를 줄 수 있는 것이다. 아이들은 단지 군중들과 함께 가는 것보다 어른으로서 스스로 결정을 내리고, 아이들 스스로 자신의 인생을 결정할 수 있다는 자신감을 심어줄 수 있다.

4. 아이들에게 선택을 할 수 있게 하는 훈련은 팔로워를 리더로 만들 수 있다. 당신은 오늘 당신의 자녀들에게 어떤 선택을 하도록 허용할 것인가?

애정과 긍정이
아이들에게 어떻게
도움이 되는가?

이번 장에서는 자녀들에게 '사랑해'라는 말을 하는 것의 중요성, 왜 우리가 더 안아줘야 하는지, 왜 자녀들의 정서적 건강을 위해 긍정적인 기억을 만들어내야 하는지 등을 논의하고자 한다. 믿거나 말거나, 애정이 넘치고 사랑하는 문구를 사용하는 것은 아이들에게 가능한 한 많은 긍정적인 기억을 주는 것과 함께 어른으로서 아이들에게 깊은 영향을 줄 수 있다.

아이들에게 필요한 건 사랑뿐

비틀즈가 "사랑만 있으면 돼!"라고 불렀을 때 당신들은 동의를 했는가? 그것은 두고 봐야 알겠지만, 자녀들에게 사랑한다고 말함으로써 얻을 수 있는 놀라운 이점이 있다는 것을 부인할 수는 없다. 이러한 이점은 다음과 같다.

신뢰할 수 있는 사람이란 믿음을 준다. 아이들이 사랑 받고 있다는 말을 들으면 아이들은 그것을 믿기 시작한다. 아이들이 사랑 받고 있다는 것을 알게 되면 자신을 사랑하는 사람에게 엄청난 신뢰를 가진다. 스스로는 자신의 존재 가치를 인정하는 사람이 있다는 것에 대해

마음이 건강한 아이가 행복하다

자신감을 갖게 된다.

아이들을 사랑하는 것은 자신들을 가치 있는 대상으로 느끼게 한다. 즉, 사랑 받고 있다는 것을 아는 것은 누군가의 삶에 가치를 가지고 있다는 것을 의미한다. 따라서 아이들이 중요하다는 것을 느끼게 한다. 이것은 아이들의 자존감을 위해 매우 중요하다.

아이들의 가장 큰 팬으로 만들어 준다. 즉, 사랑을 받는 아이들은 무엇을 하던 간에 항상 자기편에서 밀고 나가라고 응원하는 사람이 있다는 것을 알고 있다. 이는 아이들을 용기 있게 만드는 데 도움이 된다. 사랑하는 부모를 둔 아이들은 안정적인 기반을 갖추고 두려움 없이 행동할 가능성이 높다. 아이들은 과외 활동에 등록하고, 자신들을 밖으로 내보내는 것이 두려울 때조차도 과외 활동을 잘하려고 노력할 가능성이 더 높다.

아이들에게 사랑을 베풀면 아이들이 살면서 많은 실수를 해도 위축되는 경향이 적다. 자신이 사랑 받고 있다는 것을 아는 아이는 실수를 해도 용서받을 것이라는 것을 안다. 우리는 여전히 아이들이 실수를 할 때도 그들을 사랑한다고 말해야 함을 명심해야 한다. 아이들은 단지 아이들이 실수를 했다고 해서 당신이 아이들을 덜 사랑하게 될 것임을 의미하지 않는다는 것을 알 필요가 있다. 사랑은 아이가 부모의 뜻을 좀더 배려하고 싶어 하게 만들고, 부모님을 실망시키지 않기 위해 특정한 실수를 피하고 싶게 만든다.

부모가 자식을 위해 품을 수 있는 것보다 더 큰 사랑은 없다고 한다. 최근에 그러지 않았다면 아이들에게 사랑한다고 꼭 말해라. 사랑한다고 생각하는 것만으로는 충분하지 않다. 아이들에게 꼭 사랑한다고 말로 하고, 아이들은 그것을 들어야 한다. 단지 세 개의 간단한 단어들이 하나의 문장을 만들기 위해 끈으로 묶인 것처럼 보일 수도 있지만, 이러한 단어들과 그 중요성은 아이들에게 중대한 영향을 미칠 수 있다.

사랑은 포옹이다.

포옹은 모든 사람들, 특히 우리의 어린 아이들에게 치료약과 같다. 사랑한다는 말도 있지만 포옹으로 보여주는 것은 특별한 의미를 갖는다. 아이들을 안아줄 필요가 있다. 아이들은 자신들이 보호받고 있다는 안정감이 필요하며, 부모님의 따뜻한 포옹은 아이들이 안정감과 더 많은 것들을 가지고 있다는 것을 느낄 수 있도록 도와준다.

오늘날 부모들의 대다수는 맞벌이다. 하루가 끝날 무렵이면 몸과 마음이 지쳐 아이들에게 포옹을 하고 사랑한다는 말을 하는 것을 잊을 때가 많다. 그래도 우리는 시간을 내서 아이들을 포옹하고 사랑한다고 말할 여유를 만들어야 한다. 잠깐이면 되지만, 이 순간은 아이에게는 사랑 받고 있다는 것을 느끼게 함으로써 앞으로 험난한 세상을 살아갈 힘을 얻고 미래를 바꿀 수 있는 에너지를 제공할 수 있다.

포옹은 아이들에게 가정에서 인정받고 있다는 느낌을 준다.

우리 아이를 껴안는 것은 우리가 우리 아이와의 관계를 강화할 수 있게 해준다. 우리가 열정적으로 아이를 안아줄 때마다 아이는 정말로 깊은 수용감을 느낄 것이다. 수용의식은 감정적, 신체적, 사회적 행복 등으로 아이의 전반적인 발전과 성장에 영향을 미치며 매우 중요하다.

마음이 건강한 아이가 행복하다

포옹을 받은 아이들은 학교에서 더 잘한다.

가정에서 존중 받고, 사랑 받는다고 느끼는 아이는 사랑 받지 못하는 아이에 비해 새로운 기술을 배우는데 더 용이한 능력을 갖게 되는 경향이 있다. 그 이유는 사랑받는 아동이 더 높은 자존감을 가지고 있고, 마음의 성장을 위해 더 많은 노력을 기울이기 때문이다.

포옹은 외로움을 없애준다.

포옹을 자주 받는 아이들은 외로움을 덜 느낀다. 아이들은 말할 수 있고 의지할 수 있는 사람들이 있다는 것을 안다. 그런 아이들은 또한 분노와 고립에 대한 생각과 감정을 가질 가능성이 적다.

아이의 면역 체계와 호르몬을 증진시킨다.

노스캐롤라이나 대학의 연구원들은 포옹이 결합 호르몬 옥시토신을 강화시키고 심장 질환의 위험을 감소시킨다는 것을 발견했다. 포옹은 또한 혈압과 스트레스 수치를 낮춘다. 포옹은 아이들이 필요로 하는 '따뜻한' 감정을 주고, 따뜻하고 편안함을 느낄 때 그러한 감정들은 일반적으로 진정성 있는 만족으로 이어진다. 포옹은 또한 아이들의 세로토닌 양을 증가시켜 기분을 더욱 북돋워 준다.

포옹은 면역체계를 강화시킨다. 흉골에 대한 진정압력과 더불어, 포옹은 태양 플렉서스 차크라를 촉발시킨다. 이것은 인체의 백혈구 제조를 다루고 균형을 잡는 흉선에 활력을 불어넣어 우리 아이들이 질병에 덜 감염되도록 돕는다.

우리 아이들의 자존심 강화

포옹에서 비롯되는 자아 가치의 연결고리는 어린 시절부터 시작되어 그 안에 내재되어 성인이 된 후에도 아이들과 함께 존재한다. 우리 아이들이 성장하면서 받은 포옹은 아이들의 세포 내부에 계속 각인되고 아이들이 사랑할 가치가 있음을 일깨워준다.

어린이의 신경계 균형 유지에 도움이 된다.

아이가 포옹을 하고 받는 갈바닉 피부 반응은 피부 전도도에 일반적인 변화를 보여준다. 피부의 습도와 전기의 영향은 부교감 신경계 내에서 훨씬 더 균형 잡힌 상태를 나타낸다.

자녀에게 나눔과 나눔의 온기에 대해 교육

포옹은 우리 아이들에게 좋은 감정을 주고받는 법을 가르친다. 베풀고 나누는 것에 관해서 수용적이고 따뜻하게 받아들이는 것에도 비슷한 가치가 있다. 포옹은 아이들에게 사랑이 어떻게 양방향으로 흐르는지 가르친다. 포옹은 웃음과 명상과도 같다. 아이들은 포옹하는 순간 많은 걱정을 내려놓고 부모님과 정신적 교감을 하는 시간을 갖는다. 아이들은 스스로 삶의 활력과 함께 움직이도록 동기를 부여한다. 우리가 아이들을 껴안는 것은 그들을 양육하고, 달래고, 긍정하는 놀라운 방법이다.

어떤 사람들은 우리 아이들에게 너무 많은 포옹을 하는 것이 아이들을 망치게 할 것이라고 믿는다. 그러나 포옹을 하며 얻는 이득은 아이를 안아주지 않는 이익보다 훨씬 크다. 포옹은 가장 깊은 수준의 감정을 전달하고 우리 아이의 정서적 정신에 영양을 공급한다. 포

마음이 건강한 아이가 행복하다

옹은 아이들에게 매우 효과적인 치료법이 될 수 있다. 그것은 당신의 어린 아이들을 전반적으로 더 행복하고 건강하게 만들어준다. 그리고 가장 좋은 부분은 포옹은 돈이 안 든다는 점이다.

긍정적인 추억을 만드는 것의 중요성

기억은 우리에게 우리가 누구인지에 대한 기반을 형성한다. 긍정적인 기억은 우리 자신을 낙관적인 시각에서, 우리가 정말로 아끼고 축하할 가치가 있는 사람으로 보이도록 돕는다. 어린 시절의 추억은 우리가 가장 두려워하는 기억보다 가장 사랑하는 기억이어야 한다. 아이들은 부모들을 자신의 존재를 형성하고, 돌보는 사람으로서 인식하게 할 필요가 있다. 우리 아이들이 어렸을 때 더 긍정적인 기억을 갖게 하는 것이 우리의 책임이다.

우리가 어린 시절을 어떻게 기억하느냐가 우리의 행복과 잠재력을 발휘하는 중요한 요소가 될 수 있다. 잠깐 짬을 내서 어린 시절을 생각해 보라. 어린 시절을 되돌아보면 무엇이 떠오르나? 행복한 생각 아니면 슬픈 생각? 아마도 후자가 당신에게 적용된다면 당신은 그 외상적 사고를 극복해야 할 것이다. 최악의 경우에는 그 끔찍한 기억들을 극복하기 위한 전문적인 치료가 필요할지도 모른다.

강아지와 공원을 산책하는 것에 대한 약속을 지키지 않은 것에 대해 아이들을 놀리는 것은 어른이 되어 느끼는 감정에 심각한 영향을 줄 수 있다. 공원 여행을 놓친다면 심각한 실종 공포를 느끼게 될 수도 있다. 어른의 삶에서 이 두 시나리오 모두 정확할 필요는 없지만, 그러한 감정을 자극하는 것은 어린 시절의 경험의 직접적인 결과일 수 있다. 보호자가 자녀를 어떻게 대하느냐가 훨씬 더 큰 영향을 미친다.

예를 들어, 어렸을 때 동화를 읽는 시간을 가져본 적이 없는 부모는 심각한 공허감이 남아있을 수 있다. 취침시간 이야기처럼 단순한 것에서 오는 이러한 긍정적인 기억의 부족은 아이들에게 자신의 욕망이 다른 사람들에게 짐이 된다는 것을, 혹은 더 나쁜 것은, 아무도 시간이 없다는 것처럼 느끼도록 자라게 할 수 있다. 이것은 극단적인 예일 수도 있지만, 아이시절 과거로부터 슬픈 기억을 품고 있는 어른의 마음속에서는 이것이 매우 실제적인 가능성이 될 수 있다.

긍정적인 기억은 건강한 뇌 발달을 돕는다.

인생의 처음 순간부터 부모의 양육은 아이의 정서적 기반을 형성하여 사실상 뇌 발달 과정에 영향을 미친다. 부모가 아이들에게 안전하다고 느끼게 하는 것의 핵심은 자식에 대한 사랑을 표현하는 것이다. 아이와 잦은 눈 맞춤은 사랑의 핵심 요소이다. 부모의 끊임없는 사랑스런 미소와 시선은 아이들에게 형언할 수 없는 기쁨을 안겨주고 긍정적인 추억을 만드는 데 도움을 준다. 이러한 기쁨은 피질 부분의 준비성을 촉진하는 뇌 화학물질의 급증을 촉진시키며, 이는 나중의 감정에 대한 건강한 조절에 초점을 맞춘다. 모든 아이들은 어릴 때부터 두뇌가 발달하고 있기 때문에 긍정적인 성장을 할 수 있는 행복한 경험이 일찍부터 필요하다.

긍정적인 기억은 아이의 삶을 형성한다.

어린아이의 마음은 스펀지와 같다. 아이들은 일어나고 있는 모든 것을 습득하고 성장한다. 불행히도, 부정적인 경험은 긍정적인 경험들을 훨씬 더 비판적으로 만들면서 더 강하게 고착된다. 만약 우리 기억의 대다수가 부정적이면, 우리는 전 세계를 우울하고 심지어 무섭다고 인식하게 된다. 따라서 부정적인 기억보다 더 좋은 긍정적인 기억으로 아이들을 키우는 것은 아이들의 어린 시절과 미래의 생활 방식에 즐거운 연관성을 갖도록 한다.

긍정적인 기억은 부정적인 기억들을 균형 있게 한다.

만약 아이의 초기 단계에서 나쁜 일이 일어난다면, 아이들에게 긍정적인 생각이 넘치게 하는 것이 훨씬 더 중요해진다. 예를 들어, 만약 아이가 좋아하는 친척의 죽음을 경험한다면, 아이들은 행복한 기억을 가져야 한다.

긍정적인 기억은 미래를 위한 동기부여에 막대한 역할을 한다.

최근 연구에 따르면 행복하고 낙천적인 어린 시절의 기억을 가진 것의 효과는 더 나은 사회적 연결성, 더 나은 자아 감각, 그리고 건강하고 균형 잡힌 행동과 연관되어 있다고 한다. 어린 시절에 대한 바람직하지 않은 인상은 인간관계, 자기관찰, 그리고 고통에 대처하는 데 있어 더 큰 어려움을 초래하는 경향이 있다. 정서적 기억의 중심에서 긍정적인 기억력에 미치지 못하는 아이는 우울증에 빠질 위험에 처해 있다. 또한 극도로 우울해하거나, 방어적이고 적대적인 것으로 판명된다.

긍정적인 기억은 아이의 성격을 결정한다.

부정의 바다에서 아이를 키우는 것은 아이들에게 세상이 선천적으로 부정적이고 잘못되었다고 믿게 한다. 만약 당신이 그것에 대한 보상을 받지 못한다면, 옳은 일을 하는 것이 무슨 소용이 있겠는가? 세상이 날 짓밟는데 왜 좋은 일을 위해 애쓰지?

하지만 긍정적인 아이는 사람들이 도덕적인 나침반을 가지고 있고 단지 아이들을 이용하려고만 하는 것이 아니라고 믿으면서 탁월함을 위해 노력할 것이다. 쉽게 속는 아이를 키우라는 말이 아니다. 대부분의 사람이 잘 될 수 있다고 믿는 아이로 성장시키는 것이 좋다.

생일은 모든 어린이에게 특별하다.

부모들이 아이들의 긍정적인 기억을 갖도록 도울 수 있는 가장 특별한 기회들 중 하나는 생일과 같은 특별한 이벤트이다. 매년 자녀들의 생일을 통해 자녀들을 축하해야 하며, 자녀들이 태어난 것을 얼마나 기뻐하는지 알려야 한다. 이것은 아이들에게 케이크를 사주고 아이들에게 노래를 부르는 것처럼 간단할 수 있고, 모든 종과 휘파람을 불고 아주 큰 파티처럼 사치스러울 수 있다. 하지만 파티보다는 아이와 아이들의 삶의 축제에 더 집중하는 것이 중요하다. 그 날과 기념식은 아이들을 위한 것이어야 한다. 여기 아이의 생일을 크게 축하해 줌으로써 얻을 수 있는 몇 가지 이점이 있다.

마음이 건강한 아이가 행복하다

1. 자존감 상승

단순히 당신이 태어난 것을 기뻐하는 모습을 아이에게 보여줌으로써, 아이들은 자신들의 삶에 의미가 있다는 것을 느낄 것이다. 그리고 스스로가 중요하다고 느낄 것이다. 다시 말하지만, 이것은 아이들을 위한 큰 파티가 될 필요가 없으며, 그것은 확실히 여러분이 많은 선물을 살 필요가 있다는 것을 의미하지 않는다. 아이들에게 그들이 부모의 인생에서 얼마나 감사한지 시간을 내어 말해라.

2. 가치관

욕구와 보람을 느끼는 것은 건강한 감정 상태의 중요한 요소다. 어린이의 생일을 축하할 때, 아이들은 살아 있을 만한 가치가 있다고 느끼는 경향이 있다. 이것은 아이들이 학업, 체력, 심지어 학교에서의 사소한 행동에서 더 잘하기 위해 노력하게 할 수 있다.

3. 감정

감사함을 느낀다는 것은 감사를 표시하는 것의 중요성을 이해하는 것이다. 아이들에게 감사함을 심어주어 고맙다고 전해라. 다른 사람에게 감사하는 본질적인 내용을 보고 느낄 수 있도록, 아이들 역시 자신의 삶에 대해 감사해야 한다는 것을 설명하라.

4. 소속감

가족뿐이든, 아니면 많은 친구 집단이든, 아이를 축하하기 위해 모이는 것은 아이들이 소속된 것처럼 느끼게 한다. 인생에서 아이들에게 무슨 일이 일어나더라도, 아이들에게 어려울 때 연락할 곳이 있다는 것과 그들을 아끼는 사람들의 집단이 있다는 것을 알게 될 것이다.

아이들은 사랑을 느끼고, 사랑 받고, 행복한 추억을 갖고 싶어 한다. 아이들의 생일은 위에 열거된 모든 것을 실행하기에 가장 좋은 이벤트이다. 비록 아이들을 껴안고 일년 내내 행복한 추억을 만드는 것이 가장 좋긴 하지만, 그러지 못하더라도 아이들이 세상에 나온 순간을 기념하는 생일날은 아이들을 잘 대해주고 긍정으로 가득 채우는 가장 중요한 찬스이다.

◆ 요약

자녀를 사랑하는 것만으로는 부족하다. 아이들은 그 말을 자주 들을 필요가 있다.

포옹은 잠깐이면 되지만, 이런 순간들은 아이들의 인생을 바꿀 수 있다. 포옹은 행복을 증진시키고 스트레스를 낮추고 자존감을 높인다.

보호자로서 우리 아이들이 부정적인 것보다 어린 시절의 긍정적인 기억을 더 많이 갖도록 하는 것이 우리의 책임이다.

생일보다 긍정적인 기억으로 아이의 마음을 채울 수 있는 좋은 시간은 없다. 굳이 지나칠 필요는 없지만, 출산을 축하하는 날이기 때문에 그날의 사랑과 고마움을 느끼게 하는 것이 중요하다. 그 날이 없었다면 아이의 인생에 생일이 존재하지 않을 것이다. 그러니 아이들을 껴안고 축하해 주자!

마음이 건강한 아이가 행복하다

감사를 표시하고
베푸는 것의
장점은 무엇인가?

부모들이 자녀에게 자원봉사를 권장하고 지역사회에 환원해야 하는 이유는 다양하다. 오늘날 많은 청소년들의 상호 작용은 편리하게 발전했지만, 당신의 아이가 아이들 주변의 세상과 단절되고, 아이들이 고립되게 만들 수 있는 소셜미디어와 문자 메시지도 너무나 다양하다. 단순히 사는 것이 아니라 도움이 되는 봉사활동과 인간적인 상호작용을 통해, 당신의 아이는 주변의 다른 사람들도 문제가 있다는 사실을 더 잘 알게 될 것이다. 즉, 작은 행동이라도 큰 차이를 만들 수 있는 것이다.

당신의 아이에게도 특정한 욕구가 있다는 것을 기억해야 한다. 그리고 당신은 아이가 자원봉사를 나쁜 경험으로 보지 않고 대신에 재미있고 보람 있는 경험으로 바라보도록 도와야 한다. 그러기 위해 아이들의 관심사에 맞는 단체를 찾는 일을 아이와 함께 해야 한다.

많은 자원 봉사 단체들이 주변에 있기 때문에, 당신은 아이에게 맞는 단체를 쉽게 찾을 수 있을 것이다. 예를 들어, 만약 당신의 아이가 살고 있는 마을이나 도시에서 봉사단체를 찾는다면, 아마도 지역 내 노숙자에게 음식을 제공하는 단체를 쉽게 찾을 수 있을 것이다. USA TODAY에 따르면, 미국의 7명 중 1명은 자신과 가족을 먹여 살리기

마음이 건강한 아이가 행복하다

위해 '푸드 뱅크'에 의지하고 있다고 한다. 대략 4천 6백만 명의 사람들이 먹을 것을 주는 자선단체에 의지하고 있다는 의미이다. 당신은 많은 사람들을 돕는 대열의 일부가 된 것이고, 아이들은 여기에 감명을 받게 된다. 그 경험은 아이들에게 자신들보다 더 큰 무언가의 일부인 것처럼 느끼게 할 수 있다. 아이들 스스로 자신이 세상 어딘가에 도움을 줄 수 있다고 느끼게 하는 것은, 아이들이 미래에 자신을 정말 사랑하게 만드는 역할을 할 것이다. 거주 지역이 아닌 다른 세계의 지역에 아이가 관심이 많다면, 세계적으로 도움이 필요한 단체들이 많기 때문에 자녀들의 관심을 넓히는데 더 도움이 될 수 있다.

십대들은 또한 자신들이 사랑하는 방식으로 자원봉사를 할 수 있는 좋은 기회를 가질 수 있다. 예를 들어, '휴먼 소사이어티'는 보호소에 살고 있는 동물들을 돌볼 자원봉사자를 고용한다. 아마 당신도 10대에 도움이 필요한 강아지, 고양이 등의 친구들을 돕는 기쁨을 경험할 수 있었을 것이다. 아이들의 열정이 어떤 것이든 간에, 취미를 돕는 공동체와 전 세계로 영역을 확대하는 방법은 거의 항상 존재한다.

여러분이 자녀에게 자신들보다 운이 덜 좋은 사람들이 많이 있다는 것을 가르치려 하든지, 아니면 자녀들이 수많은 사람들을 돕는 큰 무언가의 일부분이라는 느낌을 경험하기를 바라든지 간에 상관없다. 자원봉사는 아이들에게 자신이 처해 있는 가정과 사회가 좋은 것임을 인식시킬 수 있고 현재의 위치에 감사하는 마음을 심어줄 수 있다. 가능한 한 빨리 자녀와 함께 자원봉사를 시작하는 것이 낫다는 것을 기억하라. 이것은 당신의 자녀에게 자원봉사의 중요성과 봉사활동을 통해 어떻게 주변 사람들에게 도움을 줄 수 있는지를 깨닫게 하는 더 좋은 기회를 준다.

가족으로서 자발적이어야 하는 이유

불행한 현실은 현재 우리가 살고 있는 세계가 매일 매일 많은 도전에 직면한다는 것이다. 2015~2016년 아이티에서의 유례없는 가뭄부터 2015년 유럽 난민 유입 위기까지 인도주의적 지원 요구가 곳곳에서 터져 나오고 있다. 자원봉사자로서 당신은 상상할 수 있는 것보다 더 큰 방식으로 누군가의 삶에 변화를 줄 수 있는 좋은 기회를 가지고 있다. 감동적인 삶과는 별개로, 자원봉사는 많은 이점이 있다. 이런 혜택은 가족 단위로 만들면 기하급수적으로 늘어난다. 좀 더 세분화해서 가족으로서의 자원봉사를 고려해야 하는 이유에 대해 토론해 보자.

1. 아이들을 다른 세계에 노출시킨다. 현실 세계에서 어떤 사람들은 잠을 자고, 하루나 며칠을 음식 없이 지내면서도 계속 미소를 짓는다.
2. 자원봉사는 아이들뿐만 아니라 돌보는 사람으로서 여러분의 눈을 뜨게 해 여러분 모두가 아이들이 운이 좋은 것들에 더 감사하도록 해준다.
3. 사람들의 도움이 절실히 필요로 하는 현실의 상황에 직접 뛰어들어, 감사와 더불어 세상을 위해 함께 일하는 것의 중요성을 가르

마음이 건강한 아이가 행복하다

치는 것보다 더 좋은 방법은 없다.

4. 공동의 목표를 향해 함께 일하는 가족으로서 갖게 될 기억은, 팀과 함께라면 모든 것이 가능하다는 가치를 심어줄 것이다.

5. 부모가 봉사활동에 적극적인 관심을 보이는 것을 보고 배우는 것은, 아이들에게 사회에 영원히 돌려주고 싶은 욕구를 심어주는 경이로운 방법이다.

6. 당신은 많은 것을 배울 것이다! – 당신과 아이들이 자원봉사를 하면서 배울 수 있는 이점이 너무나 많다. 예를 들어, 만약 여러분이 적십자에서 자원봉사를 한다면, 응급처치와 심폐소생술 교육을 받게 될 것이다. 언제 비상사태가 발생할지 모른다. 이 지식은 언젠가는 생명을 구할 수 있을 것이다. 어쩌면 아이들이 혜택을 입을지도 모른다!

추가 학습 내용

1. 베푸는 것을 어려서부터 가르치라.

2. 무엇을 잘하는지 시도해보기 전에는 자신이 무엇을 잘하는지 결코 모를 수도 있다. 자원봉사는 여러분이 새로운 것을 시도할 뿐만 아니라 여러분이 어떤 기술을 배울 수 있도록 보장해주는 광범위한 활동들을 제공한다.

3. 경청의 중요성

4. 말하고 소통하는 방법

5. 창의력을 활용하여 문제를 해결하는 방법

자원봉사를 통해 발전시킨 능력 때문에 가족 중 나이 든 구성원이 더 나은 고용을 확보할 수 있을 것이다. 이것은 많은 것을 가져올 수 있다! 많은 직업들은 당신이 경험의 증거를 제공하도록 요구하는데, 당신이 알고 있는 것을 세상에 보여주는 것보다, 당신의 이력서에 자원봉사를 하는 것보다 더 나은 방법이 무엇인가? 이것은 여러분이 지식을 가지고 있을 뿐만 아니라, 모든 것을 향상시키기 위해 기꺼이 일하고자 하는 팀 플레이어라는 것을 보여준다.

아마도 가장 중요한 것은 가족으로서의 자원봉사가 연결되고, 그로인해 유대감이 형성되는 부분일 것이다. 사람들의 삶에 변화를 가져와서 만들어낼 기억은 언제나 되돌아볼 수 있는 애정 어린 기억들이다. 바로 이러한 기억들은 여러분이 일상생활에서 생각해낼 수 있는 문제들을 해결하기 위한 아이디어를 생각해 내는데 도움을 줄 수 있다. 그리고 여러분은 항상 여러분이 다른 사람들을 위해 함께 일했던 시간을 기억할 것이다. 이러한 이타적인 행동으로 인해 모든 것에 감사하는 아이와 상처만 많이 받아 결코 어떤 것에 감사하지 않는 아이와의 큰 차이를 만들어 낼 것이다.

결론적으로 가족으로서의 자원봉사는 아이들과 어울리고, 새로운 것을 배우고, 무엇을 잘하는지 알아내는 재미있는 방법이다.

Volunteer.gov에서 자원봉사하기 가장 좋은 장소에 대한 정보와 함께 주별 자원봉사 기회를 찾아보라!

자녀가 자발성에 열정을 갖도록 돕는다.

당신과 당신의 아이가 자원봉사를 할 수 있는 분야는 매우 많다. 이것은 어떤 기회가 당신의 아이에게 이상적인지 결정하는 것을 어렵게 만든다. 자녀들이 해야 할 봉사활동의 종류에 대한 결정을 내리려면 자녀들의 관심사와 가치, 그리고 이용 가능한 봉사활동 선택 사항 등을 고려해야 한다. 이들의 열정은 집중해야 할 분야에서 선택을 하는 데도 큰 역할을 할 것이다. 즉, 자원봉사의 기회를 볼 때 자녀들이 좋아하는 일을 고려해야 한다. 다음은 아이들이 자신들의 삶의 열정을 찾는데 도움을 줄 수 있는 자원봉사를 할 수 있는 분야들이다.

스포츠

스포츠는 단지 건강을 유지하는데 도움을 주는 것만이 아니다. 당신이 스포츠에서 자원봉사를 할 수 있는 방법 또한 다양하다. 예를 들어, 스포츠를 좋아하는 아이들은 중고 장비를 모아 팀과 지역사회에 기부할 수 있다. 이런 장비는 여유가 없는 집단에게 큰 도움이 될 것이다. 또 다른 선택은 어린 아이들에게 스포츠를 하는 방법을 가르치는데 도움이 될 것이다.

예술

박물관, 공연 예술 센터 그리고 심지어 지역 문화센터에서도 예술에 자원봉사의 기회가 있다. 전시회를 통해 그림 그리는 법을 가르치고 안내하는 단체들을 돕는 것에서부터 병원에서 장애인, 노인, 어린이들을 위한 그림 그리기까지 어린이들이 예술을 이용해 자원봉사를 할 수 있는 방법은 다양하다.

교육

아이들에게 책을 읽어주고, 책 드라이브를 하고, 지역 도서관에서 도움을 주는 것, 이것들은 아이들이 교육 분야에서 자원봉사에 참여할 수 있는 방법의 일부일 뿐이다. 또한 과외, 연구, 방과 후 학교 프로젝트에 자원봉사자가 필요한 그룹도 있다.

음악

자녀가 노래에 대한 열정이 있다면 음악센터에서 노래를 부르거나 요양원 노인에게 노래를 불러 재능을 키울 수 있다. 음악은 아이들의 자신감을 향상시키면서 사람들의 영혼을 달래줄 수 있다. 아이들이 자원봉사에 동의한다면 무료 음악 수업을 받을 수도 있을 것이다. 음악은 단순히 아이들이 자신을 표현할 수 있는 좋은 방법이다.

환경문제

환경은 보존되어야 하고 몇몇 어린이들은 자원봉사를 통해 녹색으로 변하는 것이 아이들의 열정이라는 것을 발견한다. 해변이나 공원에서 쓰레기를 줍거나, 재활용 드라이브를 하거나, 단순히 이웃의 쓰레기를 치우는 것 같은 것들은 아이들을 지구를 보호하는 것에 흥분시킬 수 있다. 어떤 아이들은 심지어 태양 에너지와 같은 것들에 관심을 가지며, 에너지 재활용에도 많은 관심을 가질 수 있다.

이것들은 아이들이 자원봉사자로 참여할 수 있는 분야들 중 일부

마음이 건강한 아이가 행복하다

일 뿐이다. 노숙자들을 돕기 위한 것, 사람들을 위한 집을 지을 기회, 심지어 자원 봉사 활동까지 몇 가지 더 있다. 자원봉사를 함으로써 아이들은 완벽한 진로를 찾을 수도 있고, 적어도 평생 동안 열정적으로 즐길 수 있는 취미를 찾을 수도 있다.

심리적 감성적 건강을 향상시키기 위해 감사에 집중

감사는 모든 개인의 행복에 긍정적인 영향을 미친다. 고마움을 아는 아이들은 육체적으로나 정신적으로나 정서적으로 건강할 가능성이 높다. 그러므로 아이들에게 감사하는 법을 가르치는 것이 중요하다. 다음은 감사함이 아이의 정신적, 정서적 행복에 미치는 긍정적인 효과들이다.

감사는 아이들이 현재를 축하할 수 있게 해주고 긍정적인 감정을 확대한다.

긍정적인 감정은 빠르게 사라진다는 연구결과가 나왔다. 우리의 시스템은 긍정적인 감정의 참신함을 사랑하며, 그것들을 우리의 잠재의식에 깊이 새겨 넣기 위해서는 그것들은 때때로 강화되고 새로워질 필요가 있다. 우리의 마음과 신체의 자연스러운 순서는 우리 삶의 긍정적인 것들에 단순히 적응하는 것이다. 불행히도, 이것이 의미하는 바는 감사의 감정을 실천하지 않으면, 그 새로운 장난감, 새로운 이야기 책, 또는 당신이 사준 새로운 기타가 이전처럼 새롭고 흥미진진하게 느껴지지 않을 것이라는 점이다. 나아가 감사의 중요성을 주입하지 않고, 그저 아이들이 원하는 모든 것을 받기를 기대하는 것으로 끝나면, 아이들은 당연하게 여기게 될 것이다.

감사함은 아이들이 받게 되는 일을 당연하게 여기고 버릇없이 될 가능성을 배제한다. 그것은 감사의 행동과 감정을 실천하는 사람들이 아이들의 삶에서 모든 것의 가치를 감사하게 만든다. 이런 태도의 자녀들은 단순히 선한 것에 순응하는 것이 아니라 오히려 선한 것을 축하할 것이다. 아이들은 결국 구경꾼이 되기보다는 삶의 진정한 참여자가 될 것이다.

감사는 부정적인 에너지, 분위기, 감정을 차단한다.

감사는 우울증의 지속 기간과 빈도를 줄인다. 당신의 아이들은 슬프거나, 부러워하거나, 후회하거나, 분개할 때 행복할 수 없다. 이러한 부정적인 감정이 아이들의 행복을 가로막는다. 예를 들어, 당신의 아이는 친구의 생일 드레스를 부러워하고 따라서 그녀의 우정과 생일 파티에 초대되는 것에 대해 기분 좋게 받아들이지 않을 수 있다. 우리 아이들에게 자신이 가지고 있는 선물에 감사하고 평생의 우정에 감사하도록 가르쳐야 한다. 그러면 생일파티에서 행복할 수 있을 뿐만 아니라 친구의 옷차림에 대해서도 부러움보다는 칭찬을 함으로 더 돈독한 관계를 만들 것이다. 당신은 감사(행복)하거나 원망(슬픔)을 선택할 필요가 있다. 감사함을 선택하게 되면 결국 모든 부정적인 감정을 차단하게 되고, 따라서 심리적 행복이 향상된다.

감사하는 마음은 정신력을 향상시킨다.

감사하는 마음은 스트레스 완화제로 증명되었을 뿐만 아니라 어린이들이 나쁜 트라우마를 이겨낼 수 있도록 돕는데 도움이 된다는 연

　　　　　　　　　　　마음이 건강한 아이가 행복하다

구 자료가 있다. 더 많은 감사를 표현하는 사람들은 외상 후 스트레스 장애를 가질 가능성이 더 낮은 것으로 밝혀졌다. 감사는 삶의 최악의 시기에도 느낄 수 있도록 회복력을 길러준다. 항상 고마워하는 아이들을 키우면, 아이들은 정신적 충격을 덜 받을 것이다. 삶이 끝나지 않는다면 감사할 줄 아는 아이들은 큰 역경에서도 다시 일어나는 경우가 많다. 감사함을 아는 아이들은 은혜를 모르는 상대보다 더 강하고 더 나은 상황을 해쳐나갈 수 있을 것이다.

감사는 사람에게 스트레스를 덜 받게 만든다.

누구든, 심지어 아이들도 스트레스를 받을 수 있고, 어떤 부모도 스트레스를 받는 아이들을 보고 싶어 하지 않는다. 만약 떨어져 있거나 스트레스에 저항하는 것이 감사함으로 인해 완화될 것이라면, 자녀들에게 감사를 표시하는 태도를 가르치는 것은 어떨까? 자녀가 스트레스를 받을 때도 감사한 감정을 보이면 긍정적인 에너지와 부정적인 삶의 사건을 일정한 방식으로 해석할 수 있는 관점을 얻게 된다. 그리하여 스트레스나 불안 등 감정에 대처할 수 있게 된다.

감사할 줄 아는 사람이 자존감을 향상시킨다.

자존감은 다른 사람과의 비교에 의해 손상될 수 있다. 만약 당신의 아이가 친구의 그림을 보고 친구의 그림이 더 낫다는 것을 알아차린다면, 아이는 자신의 능력이 친구와 비교해 떨어진다고 생각할 수 있다. 이것은 아이가 자신을 믿지 못하게 만들 수 있고 아이들의 자신감은 곤두박질치게 할 수 있다. 그러나 감사하라는 가르침을 받은 아이는 자신이 잘하는 것에 집중하여 그것들을 부각시킬 방법을 찾을 것이다. 아이들은 또한 자신의 능력을 다른 사람의 능력과 비교하는 경향이 적을 것이다. 감사할 줄 아는 아이들은 친구는 그림을 잘 그리고, 나는 운동을 잘한다고 생각할 수 있다. 그림을 잘 그린다고 해서 그 아이가 다른 아이보다 낫다는 것을 의미하지 않는다는 것은 쉽게 이해할 수 있다. 결과적으로 자신들이 가진 능력에 감사하는 아이는 더 높은 자존감을 갖게 될 것이다.

감사할 줄 아는 사람들은 더 공감하고 덜 공격적이다

심지어 당신 아이의 친구들이 무례하게 행동하거나 아이에게 친절하게 대하지 않을 때에도, 감사할 줄 아는 아이는 우아하게 행동할 것이다. 그런 아이들은 부정적인 면에 직면했을 때조차도 보복으로 행동할 가능성이 줄어들 것이다. 고마움을 아는 아이들은 주변 사람들에게 민감하고 공감하게 되고, 나쁜 행동에 대한 복수를 추구할 가능성이 줄어든다는 얘기다.

감사할 줄 아는 사람들은 더 많은 친구를 만든다.

관련 연구 발표에 의하면 '고맙다'와 같은 구절을 사용하는 것은 좋은 제스쳐일 뿐만 아니라 새로운 친구를 사귀는 방법으로도 나타난다고 한다. 이 연구는 새로운 지인에게 감사하는 것이 아이들이 지속적인 관계를 추구할 가능성을 더 높인다고 지적했다. 당신 아이들의 경우는 어떤가. 아이들이 하는 일에 대해 감사하고 감사하는 모습을 보일 때, 아이들은 그러한 관계를 진정한 우정으로 바꿀 기회를 증가시킨다.

마음이 건강한 아이가 행복하다

결론

자녀에게 고마움을 느끼도록 가르치는 것은 자녀들에게 아주 큰 도움이 될 수 있다. 물론 고마움을 표시하는 것이 항상 쉬운 것은 아니다. 당신의 주변 환경이 삶에 대한 당신의 태도에 영향을 줄 수 있고, 그것이 스트레스를 받을 때, 당신은 결국 고마움을 모르는 사람이 될 수 있다. 고마움을 모르는 삶을 사는 것은 여러분의 생각과 태도를 만들 수 있고, 따라서 여러분의 전반적인 삶을 우울하고, 외롭고, 가난하게 만들 수 있다는 것을 기억하라.

풍요로운 삶을 사는 것은 감사하는 데서 출발한다. 고마움을 표시하면 기분이 좋아지게 되고 열정이 솟고 영감을 받는다. 감사하는 마음은 집에서 시작해서, 아이들의 일상과 나중에는 아이들의 삶에도 지대한 영향을 끼친다는 것을 알아야 한다.

가정에서 아이들과 지내면서 불만보다는 작은 것에 감사하는 행동을 아이들에게 보임으로써 아이들의 미래를 바꿔 놓을 수 있다는 것을 기억하라.

아이들이 감사에 집중하도록 돕는 활동

이제 자녀들에게 감사함을 심어줄 필요가 있음을 알게 되었으니, 자녀들 안에서 그런 태도를 어떻게 길러낼 것인가에 초점을 맞추자. 여기 여러분이 사용할 수 있는 멋진 활동들이 있는데, 이것은 여러분의 아이가 더 큰 삶의 만족을 얻도록 할 뿐만 아니라, 감사를 집중시킴으로써 전반적인 성과와 자부심을 증가시킬 것이다.

감사 사진

자녀에게 감사하는 내용을 적어주고, 종이조각을 들고 있는 사진을 찍도록 해보자. 더 좋은 것은, 만약 여러분이 아이들이 감사하는 것으로 자신들의 사진을 찍을 수 있다면, 여러분은 그 사진을 집 안 액자에 넣거나 고정시킬 수 있다. 이것은 아이들에게 자신의 삶에서 일어났던 긍정적인 일들과 감사하는 것이 중요하다는 것을 상기시켜 줄 것이다.

감사 일기

감사 일기를 쓸 수 있도록 격려하고 돕는 것은 여러분이 아이들에게 삶, 가족, 그리고 아이들 주변에서 일어나는 모든 것을 감사하는 법을 가르쳐 주는 매우 훌륭한 방법이다. 아이들이 고마운 것을 모두 적어두고 매일 그림을 그리도록 도울 수 있다. 일기는 아이들이 자라면서 자신의 생각을 기록할 수 있기 때문에 꽤 효과적이다. 시간이 흐를수록 아이는 자존감이 높아지고, 삶에 대한 긍정적인 인식을 가지며, 더 행복한 사람이 될 것이다.

마음이 건강한 아이가 행복하다

감사 항아리 보관

감사용 항아리를 부엌 식탁이나 아이가 갈 수 있는 다른 전략적 장소에 보관하라. 아이들이 감사하는 모든 것을 종이에 적어 항아리에 넣게 하라. 그리고 아이들이 기분이 우울하거나 불평이 생길 때마다 읽게 하라. 아이들이 계속 감사함을 표시하는 것의 중요성을 반복하기 위해, 우울하지 않을 때에도 일주일에 한 번씩 독 안에 있는 조각들을 읽는 것을 계속 해보라. 아이들이 원하는 만큼 항아리에 추가할 수 있다고 아이들에게 말해라. 그리고 나서, 그것이 가득 차면, 당신은 모든 조각들을 감사 일기에 테이프로 붙이고 그 항아리를 다시 시작할 수 있다.

명상

자녀들에게 명상을 시키는 것은 바보처럼 보일지도 모르겠다. 하지만 어떤 어린이들에게는, 자신의 삶에서 일어나고 있는 모든 긍정적인 것들에 대해 생각하게 한다. 아이들 각각에 대해 잠시 동안 가만히 생각함으로써 일 처리가 신중해지고 실수가 줄어들 수 있다. 자녀들과 매일 함께 연습하면서 명상하는 법을 가르쳐라. 하루에 일분이라도 아무 것도 하지 않고 명상하는 것부터 시작하라. 명상의 시간과 빈도를 여러분이나 아이들이 원하는 만큼 점진적으로 늘릴 수 있다.

무료 '안내 이미지'를 찾을 수 있는 웹사이트가 많이 있다.

'명상 문구', 심지어 어린이들을 위한 '명상 오디오'까지 있다. 당신은 그것들을 당신의 아이에게 읽어줄 수도 있고, 당신이나 당신의 아이가 아이들 자신의 시간에 들을 수 있도록 그것들을 녹음할 수도 있다. 당신이 좋아하는 검색엔진의 간단한 검색은 몇 가지 자원을 제공할 수 있다. 어린이 명상 이미지, 어린이를 위한 명언 등을 검색해 보면 많은 자료를 찾을 수 있을 것이다. 아마도 시간이 없어서 못한다는 이야기는 할 수 없을 것이다.

감사 나무 보관

감사 일기와 비슷하게 감사 나무는 당신의 축복을 세는 방법이다. 공예품 가게의 진짜 나무나 가짜 나무를 이용해 아이들이 고마워하는 모든 좋은 일들로 가득 찬 나뭇잎을 만들 수 있다. 잎이 만들어지면 나뭇가지에 매달아 놓는다. 매일 나무 위의 모든 글을 보면서 사물을 당연하게 여겨서는 안 된다는 것을 인정하고 감사해야 한다는 것을 기억할 수 있다.

아이들과 함께 감사서 읽기

아이들에게 자연, 사람, 감사해야 할 공통점 등 삶의 모든 것을 볼 수 있도록 가르치는 책이 몇 권 있다. 시간을 내서 그런 책을 읽어줌으로써 아이들에게 감사하다는 개념을 키우고 발전시킬 수 있도록 앞장설 필요가 있다. 끊임없는 토론과 함께 책의 주제들을 되새김으로써, 아이들은 점차 감사하는 것의 중요성을 깨닫게 될 것이다.

자녀와 의논하기

아이들에게 무엇을 감사해야 할지에 대해 말하는 것만으로도 아이들에게 도움이 될 수 있다.

아이들의 삶에 긍정을 키운다. 이것은 감사로 가득한 삶을 발전시키는 이정표적인 단계다. 아이들에게 인생에서 중요하다고 생각하는 것이 무엇인지 물어보고, 다른 사람들에게 도움의 손길을 내밀도록 격려하고, 삶을 긍정적으로 바라보라.

감사 노트 및 카드

시간을 내어 자녀들에게 감사 메모를 할 수 있도록 격려하라. 기록된 카드는 그 안에서 감사를 함양하는 환상적인 방법이다. 당신은 아이들이 기록한 카드를 다른 가까운 가족과 친구들에게 부치도록 격려할 수도 있다. Realsimple.com과 Parents.com과 같은 사이트들은 자녀들과 함께 재미있는 감사 카드를 디자인하기 위한 좋은 아이디어를 가지고 있다. 각 사이트의 검색 상자에 '감사 카드'를 입력하기만 하면 자녀와 함께 할 수 있는, 또는 스스로 할 수 있는 DIY 프로젝트에 즉시 액세스할 수 있다.

추수감사절 달력

추수감사절 달력은 모든 연령의 어린이들에게 효과적일 수 있다. 아이들이 30일간의 감사로 구성된 핸드메이드 봉투로 자신의 삶에서 일어나는 모든 좋은 일들을 매일 카운트다운하는 것을 포함한다. 이것은 꼭 11월에만 할 필요가 없다. 하고 싶은 시간만 정해서 해보자!

🔶 요약

1. 자원봉사는 당신의 자녀들이 다른 사람들을 돕도록 영감을 주는 멋진 방법이다. 아이들에게 몇 가지를 가르쳐주고, 아이들의 열정을 찾도록 도울 수 있으며, 아이들이 전반적으로 더 나은 사람이 되도록 도울 수 있다.

2. 가족으로서의 자원봉사는 유대감과 팀워크에 좋고, 앞으로 몇 년 동안 좋은 추억을 만드는 데 도움이 될 것이다.

3. 모든 아이들은 어떤 식으로든 자원봉사를 할 수 있다. 아이들의 지역사회에서 쓰레기를 줍는 것만큼 간단한 것이 아이들에게 환경을 돌보는 것의 중요성을 심어줄 것이다.

4. 자원봉사는 아이들이 자신이 가진 것들과 아이들이 가진 능력에 감사할 수 있도록 도울 것이다.

5. 고마워할 줄 아는 아이들은 정신적, 육체적, 정서적으로 더 건강하다.

6. 우리 아이들에게 감사를 심어주는 것은 아이들이 성인이 되거나 그 이후로도 삶에 대해 보다 긍정적인 시각을 가질 수 있도록 도울 것이다.

마음이 건강한 아이가 행복하다

왜 아이들은
운동해야
하는가?

많은 사람들은 운동을 어른들의 활동으로 생각하는 경향이 있다. 하지만, 모든 나이, 심지어 어린아이들도 몸을 움직여야 한다. 물론 이것은 아이들이 쇠를 퍼내고, 무거운 역기를 들어올리거나, 너무 무리해야 한다는 말은 아니다.

그러나 아이들은 신체적으로 활발해질 필요가 있다. 기술 중심 생활로, 오늘날의 아이들은 점점 더 적은 신체 운동을 하고 있다. 대신에, 우리는 아이들이 집에서 비디오 게임을 하고, TV를 보거나, 컴퓨터를 사용하고, 앉아서 생활하는 것을 발견한다. 이러한 활동 부족은 단지 오늘날 어린이들, 그리고 그 후에 성인 비만의 불행한 상승 추세에 대한 하나의 연결고리일 뿐이다. 아이들이 어렸을 때 몸을 움직이도록 격려하는 것은 아이들이 그것을 평생 동안 고수할 수 있는 습관, 그리고 따라서 더 건강해지는 것을 돕는다.

아이들의 운동 계획을 위해 고려할 사항

첫째, 항상 여러분의 자녀들이 어떤 운동요법을 시작하기 전에 완전한 신체검사를 받아야 한다. 그러기 위해 의사에게 찾아가 진찰을 받는 것이 좋다.

마음이 건강한 아이가 행복하다

둘째, 모든 아이들의 운동은 어른들의 감독 하에 이루어져야 한다는 점에 유의해야 한다. 이것은 우리 아이들이 득보다 실이 많을 수 있기 때문에 지나치게 집착하지 않도록 하기 위함이다. 그 밖에 고려해야 할 사항은 다음과 같다.

어린이들에게 가장 좋은 운동은 유산소 운동이다. 이것들은 호흡, 균형, 민첩성, 조정력을 향상시키는 운동으로, 모두 아이의 성장과 발달을 위해 필수적이다.

혐기성 운동도 청소년 등 나이 많은 아이들에게 도입해 근력 구축에 도움을 줄 수 있다. 그러나 이것은 적당히 해야 한다. 아이들이 성인기에 가까워짐에 따라 체중이 늘어날 수 있다.

그리고 마지막으로, 아이가 하는 운동과 상관없이 안전이 가장 중요하다.

어린이에게 적합한 운동

앞서 언급했듯이, 과도한 운동은 아이들에게 좋지 않다, 아이들은 건강하게 성장하고 발전할 수 있는 충분한 운동만을 필요로 한다.

다음 목록은 어린이에게 맞는 운동으로 구성해 봤다. 사실, 딱히 정해진 건 없다. 부모님들과 자녀들과 함께 자유롭게 선택해 보라! 유대감과 건강함의 승리를 위해!

·농구   ·자전거   ·아이스 스케이팅   ·인라인 스케이팅
·조깅   ·런닝

아이들은 얼마나 오래 운동해야 하는가?

연령	일일 최소 활동	조언
젖먹이	특별 요구 사항 없음	신체활동은 운동 능력의 개발을 촉진해야 함
걸음마쟁이	1과 1/2시간 이상	30분간 계획 신체 활동 및 60분 구조화되지 않은 신체활동 자유놀이
취학 전 아동	2시간	60분 계획된 신체 활동 및 60분 구조화되지 않은 신체활동 자유놀이
취학 아동	1시간 이상	15분 이상 시합을 한다.

신체적 활동의 심리적, 정서적 건강과의 관련성

많은 사람들은 운동이 신체에 좋다는 것을 알고 있다. 하지만 운동이 정신적, 정서적 행복도 향상시킨다는 것을 아는 사람은 거의 없다. 규칙적인 운동은 우울증을 줄이고, 아이들에게 매우 중요한 자신감을 향상시키며, 스트레스를 줄이고, 불안감을 줄이고, 전반적인 기분을 북돋우고, 신경 성장을 촉진하고, 학교 다니는 아이들에게 매우 중요한 기억력을 향상시키는데 도움을 줄 수 있다.

운동은 우울증을 감소시킨다.

연구에 따르면 운동이 항우울제보다 가벼운 우울증을 낮게 하고 부작용은 없다는 것을 보여준다. 운동은 신경 성장을 촉진하고 염증을

마음이 건강한 아이가 행복하다

감소시키며 정신을 고양시키는 엔돌핀 분비를 촉진하기 때문이다.

운동은 걱정을 줄여준다.

신체활동은 엔돌핀이라는 화학 물질의 방출을 통해 정신적, 육체적 에너지를 증강시킴으로써 자연스럽게 스트레스와 긴장을 완화시킨다.

숙면을 향상시킨다.

비록 잠을 자는 데 문제가 없더라도, 아이들 중 많은 어린이들은 예를 들어 악몽과 관련된 얕은 수면장애를 겪는다. 운동은 아이들의 깊은 수면을 증진시키고 악몽을 꿀 가능성을 줄일 수 있다.

더 날카로운 생각과 기억력

운동은 새로운 성장 세포의 성장을 자극하고 더 날카로운 사고와 더 나은 기억력을 담당하는 엔돌핀의 방출을 자극한다.

더 나은 자존감

많은 아이들이 학교에서의 왕따와 같은 것들로 인해 자존감이 저하된다. 운동은 몸과 마음, 영혼에 대한 투자다. 그러므로 규칙적인 운동을 하게 되면, 자신의 자존감이 향상되어 아이에게 더 많은 힘과 자신감을 키워 준다.

강한 내력 및 복원력

운동에는 많은 결단력과 노력이 필요하다. 이것은 아이들의 체력에 영향을 줄 뿐만 아니라 아이들이 원하는 것을 위해 싸울 수 있는 강한 회복력과 능력을 발달시키는데 도움을 줄 것이다.

🔷 요약

1. 아이들이 매일 충분한 신체활동을 하도록 한다.

2. 만약 아이들이 신체적으로 기분이 좋아진다면, 그것은 감정적으로도 기분이 좋아지는 데 긍정적인 영향을 미칠 것이다.

3. 전문가들은 매일 신체활동을 하는 것이 중요하고, 유아의 경우 최소 90분을 권장한다. 이 숫자는 미취학 아동의 경우 120분으로 증가하고, 학령기 아동의 하루 신체활동 시간은 1시간 이상으로 줄어든다.

건강식이
중요한 이유는
무엇인가?

건강한 음식, 건강한 아이들

건강한 식습관은 에너지 안정과 유지를 위해 필요하다.

아이들이 먹는 것은 또한 아이들의 기분에 상당한 영향을 미치고, 아이들의 마음을 날카롭게 하는 데 영향을 줄 수 있다. 아이들의 식습관은 정크 푸드에 대한 TV 광고와 또래 집단 압력에 의해 큰 영향을 받는다. 따라서 건강에 좋은 음식을 먹도록 설득하는 것은 더 어려워질 수 있다. 그래도 부모들은 아이들에게 건강한 식습관을 심어주기 위해 적절한 조치를 취해야 한다. 만약, 식사시간을 허락하지 않고서는 전쟁터로 변하게 되는 것이다. 지금 아이들의 마음에 건강한 식습관을 장려할 수 있다면 건강하고 자신감 있는 어른으로 성장할 수 있는 최고의 기회를 제공할 수 있다. 보너스로서, 만약 아이들이 어린 시절에 건강한 음식을 좋아하는 것을 배운다면, 아이들은 건강한 음식과 평생 관계를 만들어냄으로써 어른으로서 더 건강한 음식을 선택하게 될 것이다.

아이들은 항상 그들이 가장 좋아하는 음식을 먹는 것을 선호하고 그러한 음식들과 강한 관계를 빠르게 발전시킨다. 이 때문에 부모들이 자녀들에게 도움이 되는 건강식품을 준비하는 것은 매우 어려운

마음이 건강한 아이가 행복하다

일일 수 있다. 그것을 할 수 있는 한 가지 방법은 건강한 음식의 취향을 위장하는 것이다. 예를 들어, 여러분은 아이들이 가장 좋아하는 비트 스튜에 약간의 야채를 첨가하거나 으깬 감자와 함께 당근을 주는 것 등을 통해 그것을 할 수 있다. 자녀들이 건강에 좋은 음식을 즐길 수 있도록 돕는 또 다른 방법은 자녀들이 어떤 음식을 가장 좋아하는지 보기 위해 다양한 음식을 섭취하도록 시도하는 것이다. 마지막으로, 여러분은 건강한 음식을 준비하는 데 도움을 줌으로써 건강에 좋은 음식에 대해 아이들을 더욱 흥분시킬 수 있다.

명심해야 할 한 가지 중요한 요소는 아이들이 모방하려는 강한 충동을 가지고 있다는 것이다. 즉, 자녀 식습관의 롤모델이 되어야 한다. 어른들이 감자 칩, 탄산음료 등을 먹고 자면서, 아이들에게는 과일과 야채를 먹으라고 하는 것은 무의미하다.

음식과 정서적 건강의 상관관계

다양한 연구는 건강에 좋지 않은 식단에 노출되면 우울증이 온다는 것을 보여준다. 설탕과 가공식품은 건강에 좋지 않은 식단을 구성한다. 미국심장협회의 권고에 따르면 어린이용 설탕 섭취량은 하루에 12g(3티스푼)으로 제한해야 한다. 약 10스푼의 설탕이 12온스 소다를 준비하는데 사용된다. 유일한 해결책은 사탕, 탄산음료, 쿠키를 줄이는 것이다. 통조림 수프, 빵과 냉동된 저녁 식사, 야채, 패스트푸드, 케첩과 같은 음식에서 엄청난 양의 설탕을 발견할 수 있다. 사실, 미국의 포장 식품의 약 75%는 첨가된 설탕을 함유하고 있다.

아이들은 자연적으로 발생하는 음식으로부터 매일 필요한 설탕을 얻을 것이다.

이들이 첨가된 설탕을 섭취하면 빈 칼로리를 많이 섭취하게 되고, 이로 인해 기분장애, 과잉행동, 충치, 자살성향이 나타나며, 제2형 당뇨병과 비만 위험이 높아진다.

케이크와 흰 빵과 같은 가공 식품도 식단에서 제외되어야 한다. 이런 종류의 가공식품은 혈당 수치를 크게 해칠 수 있다. 그래서 당신의 아이들은 계속해서 피곤함을 느끼거나 심각한 에너지 부족을 겪게 된다.

비만이나 과체중이 있는 아이들은 심혈관 질환, 자존감 저하, 수면 무호흡증, 관절과 뼈 문제, 성인기에 장기 건강 문제 등 다양한 건강 문제를 겪기 쉽다. 아이들이 패스트푸드를 규칙적으로 먹으면 건강한 식단을 따르기가 매우 어렵다.

하지만, 여러분은 아이들의 식단에서 단 것을 완전히 금지해서는 안 된다. 이것은 기회가 주어지면 지나친 방종과 갈망을 초래할 것이다. 예를 들어, 엄마가 아이들에게 탄산음료를 주지 않으면, 아이들은 할머니네, 친구네 집에서 부족한 부분을 과다하게 섭취할 수 있다는 것이다. 자녀가 특정한 것을 소비하는 것을 원하지 않는 경우 가족과 친구들에게 반드시 알려야 한다.

건강식품의 좋은 예는 무엇인가?

건강에 좋은 과일에는 딸기, 사과, 토마토, 양상추, 오렌지, 파인애플, 아보카도, 오렌지 등을 포함시킬 수 있다. 우유, 푸딩, 요거트, 치즈도 적당하게 자녀들의 식단에 포함될 수 있다. 계란, 칠면조, 콩,

마음이 건강한 아이가 행복하다

양고기, 닭고기, 생선, 붉은 고기, 가금류, 견과류, 씨, 치즈, 풀 먹인 쇠고기, GMO가 아닌 콩 제품, 렌틸 등 다양한 종류의 단백질의 소비를 장려해야 한다.

건강한 지방은 아이들의 에너지를 채우고, 정서적인 건강 문제를 예방하고 통제하며, 집중력을 향상시키는데 이롭다. 자녀를 위한 건강한 지방은 견과류, 아보카도, 올리브유와 씨앗의 단불포화지방, 지방생선에서 발견되는 오메가3 지방산을 포함한 다불포화지방, 유기농, 풀을 먹인 고기, 가금류, 생선, 전유유제품의 건강한 포화지방이다.

트랜스 지방을 함유한 식품을 섭취하는 것은 통제되어야 한다. 구운 제품, 튀긴 음식, 과자, 사탕, 크래커, 일부 마가린, 가공 식품은 트랜스 지방을 함유하고 있다.

최근의 통계에 따르면, 미국 성인의 약 절반이 한 가지 이상의 만성 질환을 앓고 있는데, 이는 종종 잘못된 식습관과 관련이 있다. '마이플레이트'는 미국 농무부의 최신 지침이다. 마이플레이트는 유리잔과 5가지 음식 그룹으로 이루어진 장소를 묘사하고 있는데, 이것은 건강한 식단을 형성하는 블록이다. 마이플레이트는 10퍼센트의 과일, 20퍼센트의 단백질, 30퍼센트의 곡물, 40퍼센트의 채소를 함유하고 있는 다른 부분으로 나뉜다. 그것은 요구르트 컵이나 우유 한 잔과 같은 유제품을 나타내는 더 작은 원을 동반해야 한다. 당신의 접시의 절반은 과일과 야채로 채워져야 하는데, 이것은 마이플레이트의 추가 권장사항이다. 정부 권고안은 건강한 아이를 기르기 위한 최선의 지침이다.

◆ 요약

1. 자녀들이 건강에 좋은 음식을 먹고 있는지 확인하라.

2. 아이들이 먹는 것은 육체적, 정서적, 정신적으로도 아이들이 어떻게 느끼
   는가에 중대한 영향을 미칠 수 있다.

3. 어릴 때 우리 아이들에게 건강한 음식과 식습관을 심어주면 어른으로서
   건강한 습관을 유지할 가능성이 높아진다.

마음이 건강한 아이가 행복하다

감수자의 글

부모의 입장으로 살아오면서 아들과 같이 하는 일은 무엇이든 재미있고 행복한 일일 것이다. 지난 3월경에 미국에서 유학중인 고등학생 아들이 모두 등교를 하지 않고 수업이 없어지면서 책을 번역하고 싶다며 한권을 보내왔다. 바로 ≪The Practical Guide to Raising Emotionally Healthy Children≫(by Nekeshia Hammond)이다. 심리학자이면서 강연을 다니는 심리학 박사가 쓴 책으로, 어떻게 하면 감정적으로 건강한 아이가 되도록 잘 양육할 수 있을 것인가에 대한 조언의 내용을 담고 있다.

내가 "대학 입시를 앞두고 있는 11학년이 무슨 번역을 하냐?"고 물었을 때, 아들은 "3개월 학기가 남았는데 수업을 안 하니, 이 기간에 의미 있는 일을 하고 싶다."는 것이었다. 대학에서 심리학을 전공하고 싶어 하는 아들에게 심리학이 어떤 학문을 연구하는지 경험도 하게 할 겸 도와주겠다는 마음으로 가볍게 시작한 번역 작업이었다. 그런데 페이지 수가 많지 않아 시간이 얼마 걸리지 않을 것이라 생각했던 내 추측은 완전히 빗나갔다. 아들은 대학 입시를 준비하기 위해 SAT 시험 준비도 해야 했고, AP 5과목을 11학년에 수강을 하고 있어 모든 것이 바빴다. 시간이 날 때 마다 조금씩 번역을 해서 보내오는 내용은 매우 흥미로웠다. 물론 아들이 번역해서 보내온 내용은 영어를 거의 직역하다시피 해서 보내온 것이라 내가 다시 원서를 보고 의미를 깨우쳐야 하는 부분도 상당히 있었다.

또한 고등학생 아들이 또래 아이들을 잘 양육하는 방법에 대해서 집필한 내용을 번역을 하는 것이니 얼마나 완벽할 수 있었겠는가? 하지만 생각보다 번역 실력이 나쁘지는 않아, 내가 할 일이 그렇게 많지는 않았다. 책의 주 내용은 훌륭한 아이에 관한 것이었다. 즉, 어려운 시기를 이기고 자신만의 삶을 개척하며 미래를 향해 나아갈 수 있는 아이들은 지식적으로 무장된 아이가 아니라 정신적, 정서적으로 준비된 아이라는 작가의 주장은 정말 나에게 많은 메시지를 깨우쳐 주었다.

저자는 정신적, 정서적으로 건강한 아이로 키우기 위한 6가지 제안과 방법을 책에서 이야기 한다. 첫 번째, 아이들과 많은 대화를 나눠야 한다, 두 번째, 아이들을 많이 칭찬하라. 세 번째, 어려서부터 많은 책을 읽어주고 책을 많이 읽을 수 있는 분위기를 조성해야 한다. 네 번째, 아이들에게 사랑한다는 말과 스킨십을 많이 가져야 한다. 특히 아이들을 많이 안아주라고 제안한다. 다섯 번째, 육체적으로 할 수 있는 스포츠를 아이들과 같이 하라. 여섯 번째, 좋은 음식들을 섭취하도록 도와야 한다.

위에서 이야기 한 6가지를 모르는 부모가 과연 있겠는가? 우리 모두 다 잘 알고 있는 상식이다. 하지만 이 6가지를 모두 실천하고 있는 부모는 과연 얼마나 될 것인가? 아마도 많은 숫자는 아닐 것이다. 작가는 이 책에서 아이를 정신적, 정서적으로 양육할 수 있는 6가지

비법을 쉽게 실천하는 방법을 제시하고 있다. 그 방법은 정말 너무나 쉽고 평범한 방법이지만, 실천해 볼 가치가 충분하다. 독자 여러분께서 직접 읽으면서 확인해 보기 바란다.

아들이 번역한 내용을 내가 보면서 원서를 내가 오히려 읽게 되고 공부를 더 하게 되었던 것 같다. 긴 시간을 학업과 번역, 시험 준비까지 하면서 열심히 해준 아들에게 진심으로 감사한다. 아들은 한국에서 10년, 미국에서 10년을 살아보면서 한국 아이들도 미국 아이들처럼 학창시절이 행복했으면 좋겠다고 말했다. 그리고 이 책을 한국 부모님들에게 소개하고 싶다는 말을 남겼을 때는 정말 내가 한 방 맞는 것 같은 느낌이었다.

이렇게 작업을 무사히 마치게 되어 아들에게 진심으로 감사한다. 아들이 처음으로 번역이라는 작업을 하는데 있어 조금이라도 도움이 되어 나 또한 진심으로 자랑스럽게 생각한다. 아무쪼록 이 책이 아들이 이야기한 것처럼 많은 한국 부모님들께 읽혀지고, 그로 인해 많은 한국 아이들이 지금보다 더 정신적, 정서적으로 강하고 건강한 아이들이 되기를 희망해 본다.

청명한 가을에

박 인 섭

번역자의 글

나는 한국에서 자란 경험과 미국에서 자란 경험을 바탕으로 ≪The Practical Guide to Raising Emotionally Healthy Children≫을 번역했다. 특히 한국에서 자라고 있는 많은 아이들과 부모님들께 좋은 정보를 공유하고 싶었다. 나는 한국에서 자라거나, 심지어 미국에서 자라는 한국 아이들이 스스로 독립적인 판단을 내리지 못하고 부모님들로부터 과도한 간섭을 받는 것을 많이 목격했다. 많은 아이들이 자신 스스로 생각하면서 잠깐이라도 여유를 가지지 못하고, 또한 공부하는 것으로 너무나 많은 시간을 보내고 있는 것처럼 보였다. 더 중요한 것은 아이들이 부모님들과 같이 보내는 시간이 많지 않고, 특히 아빠, 엄마와 매일 벌어지는 일에 대해 기본적인 대화도 많지 않은 것에 놀랐다.

이 책에서 부모님과의 많은 대화는 아이들이 어른이 되어서도 아이들이 정신적으로 건강하고, 강하게 자라는데 많은 영향을 준다고 강조한다. 또한 아이들이 정신적, 감정적으로 건강하게 자라는 데는 아이들이 어린 시절에 부모님의 역할(많은 대화, 칭찬, 책 읽어 주기)에 대해서 많은 이야기를 하고 있다. 나는 정말 운이 좋게도 다른 한국 부모님들과 아주 다른 환경에서 자랐다. 특히 나는 거의 모든 결정을

마음이 건강한 아이가 행복하다

아빠와 많은 대화를 통해 내 스스로 내릴 수 있는 분위기였다. 이 책을 번역하게 된 계기도 내가 자란 우리 집 분위기와 부모님의 역할이 너무나 많이 일치했기 때문이다. 번역하는 과정이 자연스러웠고, 정말 재미있게 번역을 마칠 수 있었다. 나는 아마도 공부를 최고로 잘하는 학생은 아닐지 몰라도, 학교에서 가장 자신감 넘치고, 육체적으로나 정신적으로 아주 건강한 아이 중 하나라는 것을 확신한다. 나는 이 책을 통해 한국 부모님들께서 아이들과 더 많이 대화하고, 아이들에게 더 많은 결정권을 부여하는 미국의 가정 교육 분위기를 한국 가정에 적용해보길 바란다. 그리하여 한국의 아이들이 더 정신적으로 건강한 아이들이 되기를 희망한다.

책을 번역하는 과정은 생각보다 쉽지 않은 일이었다. 하지만 포기하지 않고 끝까지 끝낼 수 있도록 저를 독려해 준 엄마, 아빠께 진심으로 감사드린다는 말을 전하고 싶다.

버지니아에서

박 준 영

I translated this book in the hopes of sharing my experiences with growing up in a Korean setting, but with a mix of American parenting from my parents. I have seen many of my Korean friends in Korea being excessively pushed by their parents with no independence for themselves to decide anything. They don't seem to have the time to take a break once in a while, but go to intense academies and come home in the middle of the night. More importantly, I have witnessed so many of my friends who rarely get to spend time with their families, as well as having basic day to day conversations with their mom and dad. This book highlights the importance of parents conversating with their children and the lasting effects by doing so through their adulthood. In addition, we get to learn about how important mental and emotional health is on children and how significant parents' roles play in the children's lives from infancy to adulthood mentally, physically, and emotionally. I have been lucky enough to have parents who have raised me that is very different from the typical Korean parenting styles, but exactly how this book teaches parents to connect with their children. I may not be the academically smartest student in the world, but I can confidently say that I am one of the brightest, healthiest, and most confident in my school. By translating this book, I hope to better connect with Korean parents and convince them to see the benefits of American parenting, so more children in Korea can enjoy the similar experiences I was gifted with here.

마음이 건강한 아이가 행복하다